LE MÉDECIN DES DAMES

SCÈNES PARISIENNES

PAR

CHARLES JOLIET

PARIS

ACHILLE FAURE, LIBRAIRE-ÉDITEUR

23, BOULEVARD SAINT-MARTIN, 23

1866

Paris. — Imprimerie VALLÉE, 15, rue Breda.

LE
MÉDECIN
DES DAMES

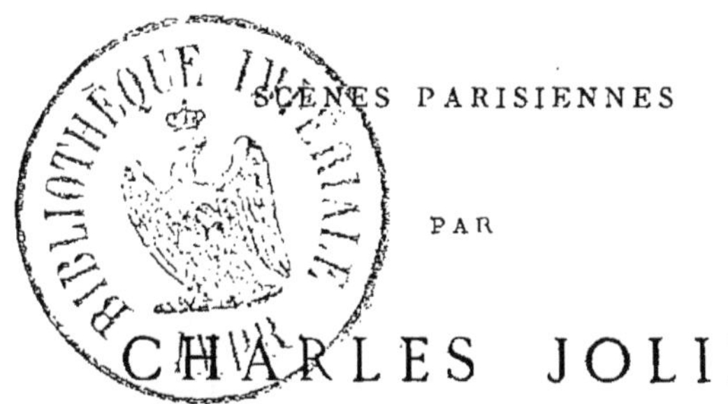

SCÈNES PARISIENNES

PAR

CHARLES JOLIET

PARIS

ACHILLE FAURE, LIBRAIRE-ÉDITEUR

23, BOULEVARD SAINT-MARTIN, 23

MDCCCLXVI

1865

OUVRAGES DU MÊME AUTEUR

La Bougie Rose, comédie-proverbe en un acte, en prose,
lue à la Comédie-Française le 18 mai, relue le 22 juin
1860, précédée d'une étude sur le Comité de lecture,
(*Libraire Centrale*)..................................... 1 vol.

L'Esprit de Diderot. (*Collection Hetzel et Michel Lévy*) 1 vol.

Le 20 Juin 1792, manuscrit original du comte P. A. Lajard,
ministre de la guerre de Louis XVI (16 juin — 10
juillet 1792). (Brochure. *Achille Faure, éditeur.*)

OUVRAGES PUBLIÉS

Le Roman de deux Jeunes Mariés.................. 1 vol.

Nouvelles : Antoinette. — La lettre anonyme. — L'Enlè-
vement des Sabines. — Le Mariage de Diderot. —
Singulier Suicide. — Le Père Hugues. — Un Roman
dans les annonces du *Times*. — Les Vicissitudes d'une
pièce fausse. — Le Cadavre. — Le Bureau de Tabac.
Un Mariage platonique. — Le Démon du vol......... 2 vol.

L'Envers d'une campagne, lettres familières écrites
    d'Italie en 1859.............................. .... **1** vol.
Les Pseudonymes, documents pour servir à l'histoire de
    la Littérature contemporaine....................... **1** vol.
Poésies.. **1** vol.

OUVRAGES MANUSCRITS

Scènes de la vie franc-comtoise. (*Roman*)........ **1** vol.
Les Snobs parisiens............................... **1** vol.
Notes de Voyage.................................. **1** vol.
Les Journées d'un humoriste...................... **1** vol.
Théatre.. **1** vol.
La Religion de Stendhal (*Paradoxe philosophique*).
    Brochure.

A

JULES JANIN·

Qui a toujours favorisé les débuts des jeunes gens dans la carrière des lettres,

J'offre cet humble témoignage de ma vive reconnaissance.

Octobre 1865.

CHARLES JOLIET.

MÉDECIN DES DAMES

PERSONNAGES

LE DOCTEUR.
ARABELLE.
JULIE, femme de chambre.
Amies d'Arabelle.

LE MÉDECIN DES DAMES

CHEZ ARABELLE

Onze heures du matin. — La chambre à coucher d'Arabelle. — Lendemain de bal. — Désordre pittoresque. — Ameublement Louis XV : satin bleu broché et frangé d'argent. — Arabelle vient de prendre une tasse de chocolat glacé.

I

ARABELLE, JULIE.

ARABELLE. — Quel temps fait-il?

JULIE. — Le temps que madame voudra.

ARABELLE. — Tu es une sotte. Ouvre les rideaux.

JULIE. — Tiens, il fait du soleil!

ARABELLE. — Ah! quel beau temps... J'ai envie d'aller déjeuner dans la serre... As-tu donné à manger aux oiseaux?

JULIE. — Oui, madame... Madame, j'entends la voix du docteur. (Exit.)

II

ARABELLE, LE DOCTEUR.

ARABELLE, ramenant sans effroi la couverture qui laisse à découvert un bras et un coin d'épaule noyés dans des bouillons de dentelle. — Ah! docteur, comme vous êtes aimable... Asseyez-vous donc, je vous en prie. (Avec terreur.) Pas là, docteur, pas là! mon chapeau, un rêve de vapeur. (Terreur redoublée.) Mon chat!!! Docteur, au nom du ciel, s'il vous reste un sentiment de pitié au cœur, ne vous asseyez pas sur Kabyle... Pauvre chat blond. . L'adorable bête a l'habitude, voyez-vous, de dormir dans mes environs.

LE DOCTEUR. — Son sort fait des jaloux.

ARABELLE. — Comme vous êtes fade. Il y a des jours où vous êtes spirituel comme une carafe d'orgeat... Je vous en supplie, docteur, daignez me faire la grâce de vous asseoir. Quand je vous vois ainsi, planté au milieu de la chambre, il me semble que vous allez vous en aller.

LE DOCTEUR. — Je ne demande pas mieux que de m'asseoir.

ARABELLE. — Non! non! pas sur le canapé!

LE DOCTEUR. — Ah! diable! des plantations d'épingles .. En effet, chère madame.

ARABELLE. — Comment se porte madame d'Argine?

LE DOCTEUR. — Mais... oui... je suppose... que...

ARABELLE. — Que quoi?

LE DOCTEUR. — Qu'elle se porte bien.

ARABELLE. — Docteur?

LE DOCTEUR. — Madame?

ARABELLE. — Voyons, asseyez-vous, faites cela pour moi, j'ai mille choses à vous dire.

LE DOCTEUR. — A moins de m'asseoir à l'orientale...

ARABELLE. — Voyez donc ce qu'il y a sur ce coin-de-feu... là... à gauche... non, l'autre... oui... Si vous pouviez ôter un peu...

LE DOCTEUR. — Il y a d'abord un burnous... avec des houppes de soie... Très-joli, ce burnous-là...

ARABELLE. — C'est une amie qui me l'a rapporté de Londres...

LB DOCTEUR. — Ceci m'a l'air d'être une robe... Non, ce n'est qu'une jupe...

ARABELLE. — Pardon, c'est ma robe.

LE DOCTEUR. — Où est donc le corsage de cette robe-là?

ARABELLE. — Comment? vous ne voyez pas?

LE DOCTEUR. — Je ne vois rien du tout.

ARABELLE. — C'est que vous êtes myope.

LE DOCTEUR. — Ah! oui, voilà le corsage... Très bien...

ces corsages-là me rapportent une vingtaine de mille francs par an.

ARABELLE. — Vous avez donc des fonds chez les couturières?

LE DOCTEUR. — Non, mais ces vêtements-là sont excellents, l'hiver, pour fluxions de poitrine, rhumes, bronchites, grippes, catarrhes...

ARABELLE. — Fi donc! Est-ce qu'on a de ces choses-là?

LE DOCTEUR. — Il en faut.

ARABELLE. — Bien obligée... Si vous ne voulez pas vous asseoir, allez-vous-en...

LE DOCTEUR, fredonnant. — *Un corset de satin blanc... Souvenez-vous-en, souvenez-vous-en...*

ARABELLE. — Vous êtes gai, docteur, ce matin.

LE DOCTEUR. — Hélas!... Voici une chevelure opulente... Est-ce que vous scalpez dans le monde, madame?

ARABELLE. — Donnez-moi donc ça, voulez-vous?... Docteur, vous savez, ma petite tortue, qui se promenait là, sur la fenêtre... C'est hideux, ces bêtes-là... Je l'aimais beaucoup... Elle est morte.

LE DOCTEUR. — Vous avez recueilli son dernier soupir...

ARABELLE. — Vous êtes sans cœur... Donnez-moi mes cheveux, je le veux.

LE DOCTEUR. — Voilà le trophée... Un jupon... et un, ça fait deux... Troisième jupon... encore un, quatre... et même cinq... (A part.) L'assaut doit être long.

ARABELLE. — Vous dites?...

LE DOCTEUR. — Et une cage... Tiens, qu'est-ce que ceci ?

ARABELLE. — C'est ma coiffure.

LE DOCTEUR. — Ça?

ARABELLE. — Mais certainement... on la pose en travers, sur le côté... Mettez-la donc?

LE DOCTEUR. — Non, madame.

ARABELLE. — Êtes-vous taquin... Pouvez-vous vous asseoir?...

LE DOCTEUR. — Un écran chinois... une mule de velours cerise... C'est à vous, ce pied-là?

ARABELLE. — J'en ai un autre qui va avec.

LE DOCTEUR. — Un journal à images... Tiens, c'est pas mal décolleté, ces images-là... Un éventail Watteau... une bonbonnière... un carnet...

ARABELLE. — N'ouvrez pas, on vous en prie... Ne regardez donc pas mon carnet...

LE DOCTEUR. — Si vous avez dansé avec tous les saints de ce calendrier-là, nous en recauserons.

ARABELLE. — Mais vous êtes d'une audace sans nom!...

LE DOCTEUR. — *Mademoiselle Cléopâtre...* Est-ce gentil, ça?... 8e édition..

ARABELLE. — C'est très-sérieux...

LE DOCTEUR. — Je crois que je puis m'asseoir... Il y a bien encore quelques petites choses...

ARABELLE. — Asseyez-vous, allez.

LE DOCTEUR. — Volontiers... Et alors, chère madame, à tout de suite les affaires sérieuses... Nous avons des gros bobos... Au bal, hier soir, n'est-ce pas?

ARABELLE. — Jusqu'à sept heures du matin.

LE DOCTEUR. — A la bonne heure... Nous disons donc : migraine, vapeurs, atonie, engourdissement, pas faim et idées vagues de suicide.

ARABELLE. — Oh! oui, oui.

LE DOCTEUR, lui présentant une boîte d'écaille. — Prenez un bonbon.

ARABELLE. — C'est pas mauvais, ces bonbons-là. Ça fait froid dans la bouche.

LE DOCTEUR. — C'est anglais — et à la menthe.

ARABELLE. — J'en enverrai prendre.

LE DOCTEUR. — Inutile. J'en ai apporté deux sacs... Ils sont là-dessous... J'ai entassé burnous sur Pélion et jupons sur Ossa.

ARABELLE. — C'est enchanteur... Julie les trouvera bien... Où donc est Kabyle?... Kabyle! sotte bête, où êtes-vous?

LE DOCTEUR. — Par ici, dans ma poche; il ne paraît pas mécontent de son sort... Nous continuons les entretiens mystérieux?

ARABELLE. — Je veux bien, mais ne grondez pas... (*Le docteur fait entendre un petit sifflement particulier.*) En arrivant, j'avais un peu de fièvre.

LE DOCTEUR. — Oui *ssss*... on a pris un peu d'essence de café avant de partir pour faire briller les yeux.

ARABELLE. — Vous supposez des choses...

LE DOCTEUR. — Allez toujours.

ARABELLE. — Vers quatre heures du matin, j'ai senti un peu de faiblesse dans les bras et comme un étourdissement.

LE DOCTEUR. — Quand l'Aurore aux doigts de rose entr'ouvre les portes de l'Orient vermeil, ça fait cet effet-là aux jeunes personnes qui ne sont pas dans leur lit.

ARABELLE. — Je me suis regardée dans une glace...

LE DOCTEUR. — Taches jaune pâle au-dessus des sourcils, yeux ambrés, nez pincé, lèvres très-rouges, un peu gonflées, langueur générale... et puis, une glace ou un sorbet, une valse, et c'est passé *ssss*... Nous allons bien.

ARABELLE. — Et le bout du nez tout rose.

LE DOCTEUR. — Ah???...

ARABELLE. — Oui...

LE DOCTEUR. — Faut prend'garde à ça... z'avez soupé?

ARABELLE. — Mais, docteur, mon nez... Ce serait horrible!

LE DOCTEUR. — T'-à-fait *ssss*... soupé?

ARABELLE. — Oui.

LE DOCTEUR. — Défendu.

ARABELLE. — Oh! docteur, une fois... par hasard...

LE DOCTEUR. — Nez rouge, *ssss*...

ARABELLE. — Docteur...

LE DOCTEUR. — Cramoisi, *ssss*...

ARABELLE. — Docteur...

LE DOCTEUR. — Qu'est-ce que ça me fait, à moi?... Continuez... je nage dans la félicité suprême...

ARABELLE. — Mais enfin, à mon âge, j'ai le droit d'avoir faim!

LE DOCTEUR. — Mangez des écrevisses, je vous y autorise.

ARABELLE. — Oui, j'en ai mange...

LE DOCTEUR. — Buvez du Johannisberg!... C'est froid, ces vins-là... ça rend le nez pâle...

ARABELLE. — Ah! le Johannisberg?...

LE DOCTEUR. — Comme les écrevisses... cuites, bien entendu... Appelez donc Kabyle, chère madame, ce chat dévore mon habit.

ARABELLE. — Kabyle!...bête impertinente!... créature

sauvage ! (Kabyle bondit à travers la chambre comme une balle élastique.)

LE DOCTEUR. — Battez, chère madame, battez cette odieuse petite bête ; elle a mangé des écrevisses, des piments rouges elle a bu du champagne après la bisque, frappez-la sans pitié... Elle le mérite.

ARABELLE. — Enfin, cher docteur, quand je dîne avec vous, il me semble que vous me laissez faire... et même vous me poussez...

LE DOCTEUR. — Ah ! quand je suis là, c'est bien différent.

ARABELLE. — C'est-à-dire que je n'ai pas le droit d'être bien portante sans votre permission?... Puisqu'il en est ainsi, racontez-moi les nouvelles politiques, et que ma santé vous soit indifférente.

LE DOCTEUR. — C'est-à-dire que vous voulez couper les chiens, et vous criez très-fort et longtemps pour ne pas entendre les ordonnances... Eh bien, les voici :

ARABELLE. — Non !

LE DOCTEUR. — D'abord...

ARABELLE. — Non ! non ! non ! (Elle se bouche les oreilles.)

LE DOCTEUR. — Vous avez au coude, madame, une petite fossette charmante, et je vois que vous entendez parfaitement bien ce que je vous dis.

ARABELLE. — Docteur, laissez-moi tranquille. Vous

voulez que je meure de faim; eh bien! je veux manger autant que vous, et Dieu sait !

LE DOCTEUR. — Pour en revenir à notre lièvre, animal mélancolique, mais dont la chair est assez échauffante...

ARABELLE. — Savez-vous mon âge?

LE DOCTEUR. — Mieux que vous.

ARABELLE. — J'ai vingt-six ans.

LE DOCTEUR. — Depuis quand?

ARABELLE. — Depuis l'année dernière... Vingt-sept... Êtes-vous content?

LE DOCTEUR. — Quant au nez rose dont vous avez bien voulu me parler tout à l'heure, détail inutile, puisqu'à l'œil nu, je puis apprécier toute l'étendue du sinistre...

ARABELLE. — Alors, que venez-vous faire ici, chez moi, dans ma chambre, si vous ne pouvez pas empêcher une chose aussi épouvantable?...

LE DOCTEUR. — Je viens suivre la marche du mal, et vous encourager dans cette voie.

ARABELLE. — Avez-vous vu la gorge de madame d'Argine?

LE DOCTEUR. — Je crois bien, c'est moi qui l'ai faite.

ARABELLE. — Réellement, docteur, vous dites des choses folles.

LE DOCTEUR. — Pas le moins du monde... L'ordre de la nature est que les femmes soient pourvues de cet ornement.

ARABELLE. — Alors pourquoi est-ce un spectacle si rare?

LE DOCTEUR. — Parce qu'on soupe.

ARABELLE. — Ah!... docteur... Je consens à être sage, si vous voulez m'indiquer le fameux moyen... C'est bien vrai, n'est-ce pas? que c'est à vous que madame d'Argine doit... la faveur... enfin, elle est bien heureuse.

LE DOCTEUR. — Oui, c'est comme pour les ananas... il y a des soins... une marche... la nature se laisse aider par une culture suivie... serez-vous très-sage?

ARABELLE. — Oh! oui.

LE DOCTEUR. — Vous avez déjà des aptitudes. Avec de l'exercice, des douches, un régime de viandes noires...

ARABELLE. — Grands dieux!... Ce doit être affreux... madame d'Argine mange de ces choses-là?... souvent?

LE DOCTEUR. — Trois fois le jour... et du fer...

ARABELLE. — Des choses noires et du fer!

LE DOCTEUR. — Savez-vous seulement ce que c'est que des viandes noires?

ARABELLE. — Je n'en ai pas la moindre idée.

LE DOCTEUR. — C'est tout simplement du bœuf ou du mouton.

ARABELLE. — Mais je veux bien... Je respire... et le fer?

LE DOCTEUR. — C'est une espèce de confiture qui se prend dans des *pains enchantés.*

ARABELLE. — J'en prendrai par kilos, si vous l'exigez...

Mais enfin, docteur, je mange souvent de la viande noire, comme vous dites... c'est peut-être que je n'en mange pas beaucoup.

LE DOCTEUR. — Il y a aussi les écrevisses dont l'effet...

ARABELLE. — Il est convenu que j'y renonce.

LE DOCTEUR. — Il faudra aussi prendre garde à un autre danger. On a vu des exemples majestueux, à la suite du traitement.

ARABELLE. — J'espère que vous me surveillerez... Engraisser... C'est à faire frémir, quand je pense à madame de Valbrun... A propos, cher docteur, il m'est venu un petit bouton près de l'œil.

LE DOCTEUR, se levant. — Rougeur, rien du tout... Attendez. (Il tire un petit flacon de sa poche et en verse une goutte sur le coin d'un mouchoir.) Là... c'est fini.

ARABELLE. — Maintenant, je vais me lever... Dans le petit salon, vous allez trouver toutes sortes de journaux et de brochures.

LE DOCTEUR, tirant sa montre. — Deux visites...

ARABELLE. — Pas du tout, je vous garde à déjeuner.

LE DOCTEUR. — J'ai ma voiture en bas. Voyons, 7 minutes pour aller et 10 pour bavarder, 17 et 15, 32 minutes; 10 minutes d'arrêt 42, 42 et 15 pour revenir, 57. Donnez-moi une heure?

ARABELLE. — Soit; alors, partez tout de suite, j'ai déjà faim.   (Le docteur sort.)

III

ARABELLE, JULIE.

JULIE, entrant. — Madame a sonné?

ARABELLE. — Oui.

JULIE. — Une lettre pour madame.

ARABELLE. — Donne... Ah! oui, je sais, c'est pour le bal de ce soir...

JULIE. — La couturière passera à deux heures...

ARABELLE. — Bien, cache cette invitation... le docteur va revenir... Cet homme-là a un œil qui lit au fond des tiroirs.

JULIE. — Si on écoutait les médecins, on ne mettrait pas un pied devant l'autre...

ARABELLE. — Oui; mais, vois-tu, Julie, si le docteur ne venait pas me voir trois fois la semaine...

JULIE. — Madame s'ennuierait trop...

. . . .

IV

ARABELLE, LE DOCTEUR, JULIE.

LE DOCTEUR. — Je n'ai fait qu'une visite ; tant pis pour l'autre. On n'en mourra pas.

JULIE, à part. — Au contraire.

(Elle sort.)

ARABELLE. — Cher docteur, dites-moi...

LE DOCTEUR. — Un instant, vous allez au bal, ce soir, chez madame de Valbrun...

ARABELLE. — Elle donne un bal... ce soir ?

LE DOCTEUR. — Oui, les invitations sont en retard...

ARABELLE. — Je n'irai pas.

LE DOCTEUR. — Si, vous y allez.

ARABELLE. — Vous me permettez ?...

LE DOCTEUR. — Seulement, pas d'essence de café et rentrez sur les trois... quatre heures... Comme la lettre est ici...

ARABELLE. — La lettre ?...

LE DOCTEUR. — Je l'ai vu remettre à votre femme de chambre en m'en allant.

ARABELLE. — Docteur, nous allons déjeuner dans la serre... C'est plus gai.

LE DOCTEUR. — Et c'est plein d'araignées...

ARABELLE. — Vous avez vu madame d'Argine?...

LE DOCTEUR. — Mais ça pousse...

(Ils sortent en causant.)

LE MEDECIN DES DAMES

CHEZ LE DOCTEUR

I

LE SALON D'ATTENTE

Ameublement chêne et ébène, velours vert. Dans les cadres, fixés aux murs en plan incliné, des reproductions de tableaux à la gravure. Au fond, deux consoles sur lesquelles s'élèvent des plantes exotiques. Entre les consoles, un piano et ses accéssoires. Au milieu de la salle, une grande table ovale couverte d'un tapis de velours vert à franges de soie. Sur la table, des livres de voyages illustrés, des keepsakes, des albums de photographies renfermant les célébrités des théâtres, des arts et des lettres. Des journaux et des brochures pêle-mêle. Siéges uniformes.

Il est deux heures de l'après-midi. D'intervalle en intervalle, on entend le bruit d'une voiture, puis un coup de timbre. Un domestique en livrée noire prend les noms, les inscrit sur un registre, et entre dans le salon prévenir, par ordre d'arrivée, les personnes qui attendent leur tour.

Trois dames entrent ensemble et s'installent près de la haute croisée ouverte à deux battants et de plain-pied avec le parquet. On a vue sur un jardin ombreux, où les oiseaux jacassent autour d'un jet d'eau dont le panache d'écume s'élève presqu'à la hauteur de la fenêtre.

Entre **ARABELLE** seule. Elle va droit au groupe et s'assied en échangeant quelques paroles à voix basse. On entend de petits rires étouffés. Papotages.)

— Comment vous portez-vous ?

— Très-bien..., — mais oui..., — pas trop mal..., et vous ? — Mais très-bien aussi, je suppose.

— Alors, chère belle, dites-moi, si nous nous portons si bien?...

— C'est ce que je disais, qu'est-ce que nous venons faire ici?

ARABELLE. — Mais... voir ce cher docteur. Je ne peux pas m'en défendre. C'est une habitude. Il est sur mon chemin ; je ne voudrais pas passer à sa porte sans entrer lui donner le bonjour. Il est si amusant.

— Pas toujours.

— Et puis, c'est un endroit pour se voir.

— Sans lui, moi qui vis comme une recluse, je ne saurais jamais la moindre des choses.

— A propos, il faut se défier de ses confidences. Imaginez-vous que je voulais savoir la maladie de madame de Valbrun. Le docteur m'a dit cela en latin. Comme je n'étais pas plus avancée, il me l'a dit en français. Un gros rhume.

— Eh bien?

— Ce n'était pas vrai. Je me suis informée. C'était dans l'oreille.

Coup de timbre : on entend un frou-frou. Au bout d'une minute, entre une dame vêtue d'une robe de soie mate gris d'argent, avec un volant. Cachemire noir brodé, garni de deux rangs de guipure. Chapeau entièrement composé de violettes de Parme. Elle s'assied près de la table et prend un livre au hasard.

— Connaissez-vous cette dame?

— Non.

— Moi non plus.

— D'où sort ce chapeau-là?

— Les marchandes de modes sont comme le docteur ; elles bâtissent des bijoux de chapeaux en violettes de Parme à la sourdine, et voilà un événement.

(Pendant cette conversation, le domestique est entré plusieurs fois. Les arrivantes se succèdent.)

Entre une autre dame. Robe de mousseline brodée sur un dessous de taffetas rose, casaque pareille. Chapeau de paille de riz entièrement couvert de boutons de roses. Elle va prendre place au fond.

— Elle a le teint un peu trop jaune pour les couleurs printanières.

— Elle a tout un jardin sur la tête.

— Quel bonbon vient-elle de manger? etc.

Troisième dame. Type créole. Robe d'étoffe légère et soyeuse gris-perle. Casaque semblable sans garniture, à l'exception de deux rangs de losanges de nacre en triangle isocèle. Chapeau de crin blanc, garni de tulle gris et orné de branches de jasmin qui tombent jusqu'aux épaules. — Physionomie jeune et pensive.

— Et où allez-vous cette année, chère amie?

— En Touraine... Je suis condamnée à quatre mois de Touraine tous les ans.

— C'est très-fertile, par là.

— Oh! oui, c'est un pays très-agréable pour les troupeaux.

— Moi, je ferai un voyage en Italie.

— Je trouve que l'Italie est un pays bien passé de mode.

— C'est comme la Suisse.

— Ou Bade.

— Il y a Trouville.

— C'est un peu mêlé.

— A moins d'aller aux Indes... ou à Enghien.

— Il y a Vichy.

— L'année dernière, je suis allée en Écosse.

— Mais voilà un vrai pays de sauvages.

— J'aime beaucoup l'Écosse.

— A l'Opéra-Comique.

— Dites-moi, chère belle : on m'a affirmé que les hommes ne portaient pas de pantalon dans ce pays-là.

— Qui donc?

— Moi je l'ai lu dans un roman de Walter Scott.

— Vous lisez des romans anglais?

— Toutes les héroïnes sont des anges, c'est fastidieux,

— Ce dernier hiver a été si triste...

— Et maintenant, il fait si chaud qu'on ne peut plus même aller au théâtre.

— J'ai eu le courage d'aller voir *le Supplice d'une Femme...*

. . . .

(La conversation est interrompue.)

Paraît une dame vêtue d'une robe de taffetas violet, casaque serrée à la taille par une ceinture, épaulettes et garniture de grelots de paille. Chapeau de tulle noir, brodé de paille, dont le fond est en forme de filet et renferme un kilo de cheveux blonds cendrés. Bottes de cuir verni et taffetas violet comme la robe.

Entre un chapeau garni de narcisses blancs à cœur jaune. Sous les narcisses un minois chiffonné.

Autre chapeau de paille de riz garni de feuilles de lierre.

Entre encore une robe de soie noire mate à garniture d'acier, emprisonnant une femme de quarante ans qu'on peut déclarer majestueuse.

Chaque toilette est analysée, critiquée et jugée en trois mots. Le domestique vient couper court aux commentaires par un avertissement discret.

ARABELLE, à son cercle. — Puisque nous n'avons pas de secrets à conter au docteur... Si nous entrions ensemble ?...

— Mais certainement, il sera enchanté. (Elles se lèvent.)

— Vous n'étiez pas à la Madeleine, dimanche dernier ?

ARABELLE. — Je l'ai bien regretté ; mais ma couturière

m'a manqué de parole, et je n'ai reçu ma robe qu'à deux heures.

(Elles traversent l'antichambre et font irruption dans le cabinet du docteur. A peine la porte refermée, elles se mettent à parler toutes les quatre à la fois.)

II

LE CABINET DE CONSULTATION

Ameublement de palissandre et velours groseille. Deux corps de biblio-thèque. Table encombrée.

Le docteur est un homme de 35 à 40 ans, au visage frais. Favoris blonds et rares. OEil caressant. La bouche affecte une torsion lé-gèrement ironique. Physionomie souriante et distinguée. Embon-point naissant. Mains soignées. Tout en causant, le docteur regarde ses ongles et laisse échapper de temps en temps son petit sifflement des lèvres particulier. Quand les quatre amies sont assises, il roule un fauteuil, s'assied en face d'Arabelle, lui prend le pouls et la regarde dans les yeux.

LE DOCTEUR, ARABELLE et ses amies.

ARABELLE. — Vous savez que nous attendons depuis une bonne demi-heure.

LE DOCTEUR. — Oui, oui, ssss... L'égalité des femmes devant la médecine... ssss... Ah çà ! chère madame, nous n'avons rien du tout.

ARABELLE. — J'étais venue vous demander une petite consultation pour *Kabyle*. Figurez-vous, cher docteur, que cette malheureuse chatte est comme possédée.

LE DOCTEUR. — Ah! ah!...

ARABELLE. — Je crois qu'elle a des convulsions.

LE DOCTEUR. — C'est très-grave, *ssss*, très-grave. (A la voisine d'Arabelle.) Et vous, chère madame, vous voilà épanouie comme un lis?

— Je ne dors plus, je ne mange plus. (Avec un soupir.) Je languis, docteur.

LE DOCTEUR. — Je vous avais dit d'aller à Auteuil à six heures du matin, et de revenir à pied.

— J'y suis allée en voiture.

LE DOCTEUR. — Tout à fait différent. Si vous croyez que les chemins de fer remplacent la promenade...

— C'est que je n'aime pas marcher.

LE DOCTEUR. — Tant pis. (Il lui prend le pouls.) Voilà un joli bracelet or et argent.

— Oui, c'est une mode. Quel autre remède y a-t-il? Je ne peux pas me lever tous les jours à cinq heures du matin.

LE DOCTEUR. — Buvez de l'eau sucrée. Voulez-vous des pilules de mie de pain? C'est très-bon, ces remèdes-là; ça ne tue personne.

— Eh bien! j'irai à Auteuil à pied.

LE DOCTEUR. — Une douche de pluie glacée ; par là-dessus, une douche mobile, retour à pied, et vous aurez faim. Pas mal imité, le bracelet.

— Ce sont des médailles romaines trouvées dans les ruines de Pompéi.

LE DOCTEUR. — Ça?

— Sans doute. C'est le bijoutier qui me l'a dit.

LE DOCTEUR. — Elles viennent par caisses en droite ligne de Naples, qui a le monopole des fabriques d'antiquités, et qui fait le commerce d'exportation pour toute l'Europe. (Il prend une figurine de bronze sur une étagère.) Vous voyez bien ce petit monstre? C'est un confrère qui me l'a rapporté des Indes comme curiosité du pays. Birmingham en expédie des cargaisons aux adorateurs de Brahma.

— Je crois que le docteur a raison. L'année dernière, je suis allée à Séville et j'ai voulu rapporter des éventails pour faire des cadeaux. Je demande à la marchande si elle n'a pas d'autres modèles, et elle me répond : *Oh ! madame, c'est ce qu'il y a de mieux. Nos éventails viennent de Paris.*

ARABELLE. — Eh bien ! docteur, que faut-il faire pour les convulsions de *Kabyle?* je crois qu'elle devient folle.

LE DOCTEUR. — Quelle est la vie de cette chatte infortunée ? Sort-elle?

ARABELLE. — Sortir. .? jamais, par exemple.

LE DOCTEUR.— Eh bien ! laissez-la courir la nuit sur les toits.

ARABELLE. — Y songez-vous, docteur?

LE DOCTEUR. — Au printemps, tous les chats qui ne sortent pas ont des convulsions comme *Kabyle*. Il faut laisser courir *Kabyle*. Les bonnes mœurs en gémiront; mais, pour les chats, la santé avant tout. Ce sont des animaux dépravés, et, quand on contrarie leurs passions, ils se livrent à des miaulements horribles, à des extravagances de caractère, et ils engraissent à vue d'œil.

ARABELLE. — A propos, docteur, dites-moi donc pourquoi les Turcs engraissent leurs femmes?

LE DOCTEUR. — C'est apparemment qu'ils les préfèrent ainsi. L'amour est souvent une question de latitude.

ARABELLE. — Et pourquoi n'est-ce pas la mode en France?

LE DOCTEUR. — Ah! sans doute parce que les Turcs emploient ce moyen pour leur satisfaction personnelle ; tandis que les Français se donneraient peut-être beaucoup de peine pour le plaisir des autres.

— Eh bien! c'est assez impertinent, ce que vous dites là, docteur.

LE DOCTEUR. — Chère madame, je fais la part des exceptions.

— Vous êtes trop aimable. Et puis, vous m'avez fait encore un bon conte, la semaine dernière.

LE DOCTEUR. — A quel sujet?

— Au sujet de madame de Valbrun. Vous me dites qu'elle est enrhumée quand elle a mal à l'oreille.

— Oui, le docteur invente des maladies pour ne pas dire la bonne.

— Est-il vrai qu'elle n'entend plus que d'un côté ?

— Pour les compliments qu'elle reçoit, c'est suffisant.

— C'est une chose horrible que de devenir sourde.

— Et de s'entendre crier dans l'oreille avec un cornet : *Madame, vous êtes charmante !*

ARABELLE. — Docteur, nous nous en allons; vous êtes un homme affreux. Je vais demander un chat en mariage pour *Kabyle*.

— Et moi, docteur, ne m'ordonnez-vous rien ?

LE DOCTEUR. — Si. Est-ce que vous n'allez pas bientôt à la campagne ?

— Dans une quinzaine.

LE DOCTEUR. — Eh bien ! il faudra emporter beaucoup de robes, beaucoup de chapeaux... et puis... si la mode l'exige, vous verrez à suivre un autre régime.

(Il les reconduit.)

LES CENDRES

PERSONNAGES

MAXIMILIEN, 35 ans.
GEORGES, son domestique.
COLOMBA, maîtresse de Maximilien

LES CENDRES

Salon de garçon. Ameublement de chêne. Tenture de reps bleu et gris perle. — Dix heures du matin. — Une tasse de café fume sur le coin de la table, encore encombrée par les restes du déjeuner.

I

MAXIMILIEN, fumant un cigare; **GEORGES.**

MAXIMILIEN, seul. — *Marie-toi, ne te marie pas.* C'est un parti raisonnable, *marie-toi donc ;* c'est que je ne serai plus libre, *ne te marie donc pas ;* c'est que papa sera content et payera mes dettes, *marie-toi donc ;* c'est que ceux qui ont frappé par l'épée périront par l'épée, *ne te marie donc pas...* Voilà un cercle vicieux.

C'est vrai, toutes les fois qu'il m'est arrivé de parler tout seul, de croiser et de décroiser mes jambes, de tambouriner la *Marche du Prophète* sur la table avec mes ongles, de discuter le pour et le contre, le fort et le faible d'une situation, c'est que je vais faire une sottise.

GEORGES, *entrant et faisant table nette en un tour de main*. — Monsieur recevra-t-il?

MAXIMILIEN. — Je verrai. As-tu mes factures?

GEORGES. — Le clerc de l'étude du notaire de monsieur les a apportées ce matin.

MAXIMILIEN. — Quel temps?

GEORGES. — Il pleut toujours.

MAXIMILIEN. — Tu as bien fait de m'allumer du feu, je n'aime pas l'humidité.

GEORGES. — Je me permettrai de rappeler à monsieur qu'il y a une lettre sur la cheminée, apportée ce matin, à huit heures et demie, de la part de Mlle Colomba.

MAXIMILIEN. — Ah! en effet. (*Il décachète vivement la lettre.*)

« Cher Maximilien,

» Je serai chez toi à onze heures. Voudrais-tu m'offrir à déjeuner? J'ai à te parler de choses très-sérieuses.

» Mercredi.

» COLOMBA. »

MAXIMILIEN. — Georges, Mlle Colomba me demande à déjeuner pour onze heures...

GEORGES, *à part*. — Elle tombe bien.

MAXIMILIEN. — Je ne suis pas rentré depuis hier; tu m'as compris. Elle est prévenue.

GEORGES, à part. — Si Mlle Colomba veut forcer la consigne, je lui parlerai de mes sentiments personnels.
(Il sort.)

MAXIMILIEN. (Il se lève et ouvre une espèce de grand coffre de
chêne. Il en dépose le contenu par brassées sur la table. Lettres, bouquets, rubans, médaillons, cartes photographiques, etc., etc., s'en-
tassent à vue d'œil dans un fouillis bizarre.) — Histoire de dix
ans... Confidences... Mes confessions au jour le jour,
chapitre par chapitre, morceau par morceau. (Il fredonne.)
Ah ! si papa voyait ça... Quelle montagne de souvenirs...
Est-il possible que j'aie été l'objet de toutes ces passions ?
« *Cher Maximilien..., sans retour ici-bas... nos belles*
» *heures... mon petit bichon... pas ce soir... monsieur,*
» *il est cruel... sans la preuve je n'aurais pu croire...*
» *jamais de pardon.* » Voyons, mettons de l'ordre là-de-
dans. D'abord, les bouquets... Du diable si je me rappelle... ça sent la pharmacie à plein nez... (Il les jette au
feu.) Ça commence à se déblayer... Maintenant les cartes
photographiques. C'est effrayant le développement que
la photographie a pris en France dans ces dernières années. (Il en fait un paquet, les bat comme des cartes et les met dans
le feu.) Voilà le loup de velours que vous portiez, jeune...
jeune... qui donc ? Quels yeux là-dessous !... Il me fait
penser au monologue d'*Hamlet*... Voilà des cheveux, des
masses de cheveux... ça va sentir mauvais, tant pis...
Des rubans... des médaillons... pas enormément de médaillons... (Il lit des lettres qu'il jette au feu une à une.) Dans
quel monde ai-je donc vécu ?... Il y aura des résidus

d'argent dans les cendres... On sonne. (Il prend les lettres par paquets et les jette dans la cheminée, puis il referme le coffre de chêne.) C'est égal... plus tard, j'aurais bien aimé à relire ma correspondance. (Il allume un deuxième cigare et étend ses pieds au feu.) Qui diable a sonné?

II

GEORGES, COLOMBA, toilette tapageuse.

COLOMBA. — Je suis en retard d'une demi-heure, mais Maximilien...

GEORGES, diplomatique. — Mademoiselle, mon maître est sorti hier soir, et n'est pas encore rentré.

COLOMBA. (Elle le regarde en riant.) — Je sais... mon maître n'est pas chez lui, il est à la campagne, malade, en voyage... je connais le répertoire. Laissez-moi passer, j'ai à lui parler.

GEORGES. — Je ne puis vous dire que la vérité. J'attends mon maître, depuis hier soir, cinq heures.

COLOMBA. — C'est bien, je vais l'attendre aussi.

GEORGES. — Je n'ai aucune clef de l'appartement.

COLOMBA. — C'est qu'elle est sur la porte. (Elle passe rapidement devant Georges et entre dans le salon de Maximilien.)

GEORGES, seul. — Comme j'en étais sûr!... Dans cinq minutes, le déjeuner sera servi.

III

MAXIMILIEN, rêveur; COLOMBA, GEORGES.

COLOMBA, entrant. — Quel beau feu!... Il fait un temps à ne pas laisser un amoureux sous les fenêtres. (Elle ôte son chapeau et sa casaque devant la glace.) Bonjour, Maximilien. (Elle passe derrière son fauteuil et lui met les mains sur les yeux.) Ce n'est que moi, ne te fâche pas... Oh! n'aie pas peur, je ne pense pas à t'embrasser... je n'embrasse pas les hommes mariés... Qu'est-ce qui flambe donc comme cela, dans la cheminée? (Elle prend les pincettes et saisit deux ou trois lambeaux de papier.) Ah! tu incendies tes lettres... C'est gentil ce que tu fais là... et flatteur... Le contrat est donc signé?... Est-elle jolie?... très-riche?... blonde?...

MAXIMILIEN, froidement. — Colomba, vous n'avez pas déjeuné?

(Il sonne.)

COLOMBA. — C'est vrai, je n'y pensais plus... Dis-moi,

Maximilien, j'ai eu tort... mais pourquoi ne veux-tu plus me recevoir?... Sais-tu que c'est humiliant?...

(Georges paraît.)

MAXIMILIEN. — Ta lettre ne m'a été remise que tout à l'heure. J'avais donné la consigne pour tout le monde, j'ai des lettres à écrire... Mais cela ne t'empêche pas de déjeuner.

COLOMBA. — Pas sans toi... Georges, vous mettrez deux couverts. (A Maximilien.) Tu ne mangeras pas, mais tu me tiendras compagnie.

(Georges sort et rentre au bout de quelques instants, portant un large plateau. Il met le couvert et range méthodiquement les plats sur la table, d'un air grave. Maximilien le regarde faire d'un air étonné.)

GEORGES. — Monsieur voudra bien m'excuser. J'avais à peine trois quarts d'heure devant moi. J'ai dû improviser.

(Il sort.)

MAXIMILIEN, à part. — Comme cet animal-là connaît le cœur humain !

COLOMBA, se servant. — Ah ! les Ostende... Pour des Ostende, je crois que je me ferais...

MAXIMILIEN, distrait. — Religieuse...

COLOMBA. — Ma foi, écoute donc... Tiens, en voilà une... Goûte-la, je t'en prie ?

MAXIMILIEN. — J'ai pris du café.

COLOMBA. — La tasse est encore pleine... là... au coin
de la cheminée... (Se levant.) Mon cher Maximilien, j'étais
venue pour enterrer ta vie de garçon ; c'était ma dernière visite. Je voulais te dire adieu et te souhaiter
bonne chance, voilà tout. (Elle prend son chapeau.) Sois tranquille, je ne t'en veux pas... Je n'ai de toi que de bons
souvenirs, et ce n'est pas moi qui troublerai les joies de
ton ménage... Le Carême commence mal... Veux-tu appeler Georges pour m'aider à mettre ma casaque ?

MAXIMILIEN. — Colomba, si tu finissais tes huîtres, au
moins ?

COLOMBA. — Je sais bien que j'ai eu tort de venir. Que
veux-tu ? Je suis comme les chats, moi, je m'habitue aux
escaliers... Tu ris, sans cœur... Te voilà bien, va...

MAXIMILIEN. — A qui en as-tu ? déjeune ; tu as le temps
de t'en aller, puisque te voilà.

COLOMBA. — Alors, manges-en une.

MAXIMILIEN. — Une quoi ?

COLOMBA. — Une huître.

MAXIMILIEN. — Tiens, là, es-tu contente ?

COLOMBA. — Non. (Elle ôte son chapeau.) Comment ? tu
bois du bordeaux avec les huîtres, maintenant ?

MAXIMILIEN. — Qu'est-ce que ça fait ?

COLOMBA, découpant. — Veux-tu la moitié de cette moitié de perdreau ?...

MAXIMILIEN. — Je veux bien... C'est étonnant, je crois que j'ai encore faim.

COLOMBA. — Qu'est-ce que c'est que ce vin-là ?

MAXIMILIEN. — *Asti spumante*. C'est le champagne de l'Italie... Regarde... c'est rose... ça mousse... et on peut en boire deux bouteilles sans danger. *Spumante*, chère amie, veut dire : *fumeux*.

COLOMBA. — Alors, si tu ne voulais pas me voir, pour-quoi me fais-tu des surprises ?

MAXIMILIEN. — Mais je ne m'occupe pas de ça. C'est Georges...

COLOMBA. — Tiens, ce garçon a une figure de singe qui ne me déplaît pas... J'ai eu une amie qui avait des inventions renversantes. Elle aurait fait pousser des ar-tichauts sur des cailloux. Figure-toi, un matin, nous étions dans les fleurs, toutes les deux...

MAXIMILIEN. — Où ça, dans les fleurs ?

COLOMBA. — Es-tu candide... Chez une fleuriste, si tu aimes mieux. On nous donne une course à faire, elle du côté de la Bastille et moi de la Madeleine. Nous partons ensemble... Dis donc, Maximilien, je te ferai remarquer que tu bois très-sérieusement ta part d'Asti. Verse-moi un peu à boire, veux-tu ?... Tu es d'un égoïsme révol-tant.

MAXIMILIEN. — *Vous partez ensemble...*

COLOMBA. — Nous rencontrons Nini Brouillard.

MAXIMILIEN. — Connais pas.

COLOMBA. — Ça ne fait rien... Au fait, j'aime autant l'autre champagne. (Elle fait sauter le bouchon.) Mange donc encore un peu de cela, c'est truffé... Parole d'honneur, ça ne vaut rien du tout de boire sans manger... Quel drôle de pistolet tu fais, va...

MAXIMILIEN. — *Nini Brouillard*...

COLOMBA. — Oui. Elle nous emmène chez elle. Dans ce temps-là, en fait de gourmandises, je ne connaissais guère que les gâteaux.

MAXIMILIEN. — Bien. Et après?

COLOMBA. — Nous déjeunons ensemble... et jamais de la vie je n'ai remis les pieds au magasin.

MAXIMILIEN. — C'est très-bien.

COLOMBA. — Que veux-tu? J'étais si jeune.

MAXIMILIEN. — Tes confidences manquent de clarté.

COLOMBA. — Mais non.

MAXIMILIEN. — Et ton début n'est pas idéal.

COLOMBA. — Es-tu enfant!

MAXIMILIEN. — Oui, la petite fleur bleue ne pousse pas du côté du Château-d'Eau.

COLOMBA. — Maximilien, laisse-moi tranquille.

MAXIMILIEN. — A propos, tu m'écris des lettres charmantes. C'est bourré d'orthographe.

COLOMBA. — Tu sais bien que, depuis trois ans, j'ai des professeurs.

MAXIMILIEN. — *Orthographe, anglais et piano en vingt-cinq leçons*, ressemblance garantie deux ans, comme les pendules... Au demeurant, tu n'en écris pas long; tu n'oses pas encore te risquer dans les phrases, hein?

COLOMBA. — Voyons, Maximilien, ne te moque pas de moi, je t'en prie.

MAXIMILIEN. — Le cœur n'a pas d'orthographe. Et puis, tu me dis que tu as à me parler de choses sérieuses. Cela m'étonne et je t'écoute.

COLOMBA. — Tu sais bien que non. Tu profites de ce qu'avec toi je suis de franc-jeu, pour me traiter comme une sotte. Si j'avais su, va...

MAXIMILIEN. — Joue donc un peu ce jeu-là.

COLOMBA. — Maintenant, c'est trop tard.

MAXIMILIEN. — Eh bien! voyons si tu es de franc-jeu, comme tu dis. Tu n'as aucun intérêt à me mentir. As-tu jamais eu une passion... une vraie?...

COLOMBA. — Attends que je cherche...

MAXIMILIEN. — Cherche.

(Longue pause).

COLOMBA. — Non... là... franchement... jamais.

MAXIMILIEN. — C'est bizarre... Pas même un acteur?

COLOMBA. — Non... tu n'as pas idée comme les hommes que j'ai connus étaient...

MAXIMILIEN. — ... Bêtes. Tu as bien raison.

COLOMBA. — Es-tu vexant. Je donnerais tout au monde pour avoir aimé quelqu'un.

MAXIMILIEN. — Jusqu'au boisseau de charbon.

COLOMBA. — Fi donc !

MAXIMILIEN. — Jusqu'au laudanum, c'est plus noble.

COLOMBA. — Et si j'avais eu une passion, je suis certaine que cela te ferait enrager.

MAXIMILIEN. — Tous les serpents de la jalousie siffleraient autour de ma tête.

COLOMBA. — Oh ! non. Je ne crois pas que tu sois jaloux ; mais tu es comme les autres, tu es vaniteux... Oh ! oui, vous êtes vaniteux !

MAXIMILIEN. — Alors, tu ne crois pas à l'amour ?

COLOMBA. — Est-ce qu'on sait ?

MAXIMILIEN. — Tu me fais rêver.

COLOMBA. — C'est égal, je ne t'aimais pas.

MAXIMILIEN. — Merci bien. Cela me désole.

COLOMBA. — Tu ne demanderais pas mieux que de me voir changée en borne-fontaine. Je ne pleure qu'aux drames... (Elle met une bûche dans la cheminée.) On en a brûlé, du papier... Écrivez donc des volumes d'amour à des êtres comme ça... Ah ! voilà du café...

(Georges sert le café, pose un paquet de cigarettes sur la cheminée et sort.)

Tiens, Maximilien, sans Georges, je n'aurais même pas eu de cigarettes...

MAXIMILIEN. — Fume, fais ce que tu voudras, je vais écrire mes lettres.

(Il s'installe sur un coin de la table et écrit. Mlle Colomba, armée de pincettes, fouille dans les cendres de la cheminée).

COLOMBA. — Tiens! un médaillon... Qu'est-ce que c'est donc que ce médaillon-là?...

MAXIMILIEN, écrivant. — Je ne sais pas.

COLOMBA. — Il est en argent.

MAXIMILIEN. — C'est bien possible.

COLOMBA. — On dirait une plaque de daguerréotype... Encore un... tu faisais donc un musée... J'aurais fait une vente... Qu'est donc devenu ton ami Florian?

MAXIMILIEN, écrivant toujours. — Je ne connais pas d'ami de ce nom-là.

COLOMBA. — Mais si, un grand blond, frisé, qui ressemblait au berger que tu m'as montré à l'Exposition... tu sais bien, qui jouait de la flûte... dans le jardin de la Sculpture?

MAXIMILIEN. — Oui, il est au Mexique.

COLOMBA. — En voilà un qui ne se mariera pas.

MAXIMILIEN. — Pourquoi ça?

COLOMBA. — Il disait un soir à souper : « *Les femmes sont comme les fleurs. Il ne faut pas les respirer longtemps pour en sentir le parfum.* » Il me l'a écrit sur l'al-

bum que tu m'as donné... Il était charmant, ce gar-
çon-là.

MAXIMILIEN. — Je m'en doutais bien... Allons bon,
j'écris des choses stupides... voilà une lettre à recom-
mencer.

COLOMBA. — Es-tu rageur, gros chat. Je vais tisonner...

MAXIMILIEN. — C'est ça, joue avec le feu ; mais laisse-
moi écrire.

(Long silence.)

COLOMBA. — Est-ce bientôt fini ?

MAXIMILIEN. — « ... *De mes... sentiments... les plus
distingués.* »

COLOMBA. — Le reste est pour moi.

MAXIMILIEN. — Allume donc une bougie, pour ca-
cheter.

COLOMBA. — Laisse-moi mettre le cachet... Ta cire sent
bon... Voilà qui est fait.

MAXIMILIEN. — Georges ? (Georges entre.) Va jeter ces
lettres à la boîte... Déjà quatre heures...

(Georges sort.)

COLOMBA. — Est-ce pour bientôt, ton mariage ?... La semaine prochaine ?

MAXIMILIEN. — On ne se marie pas pendant le carême.

COLOMBA. — C'est bon à savoir... Tu as encore qua-

rante jours devant toi, jusqu'à Pâques ou la Trinité...
Qu'est-ce que tu fais ce soir?

MAXIMILIEN. — Je ne sais pas... rien...

COLOMBA. — Si tu voulais être bien aimable... pour la
dernière fois... tu me mènerais dîner au cabaret... Nous
irons prendre ton cher Julien avec sa chère Léonie... et
après... tout sera rompu... pour la vie... Comment
trouves-tu mon chapeau?

MAXIMILIEN. — Trop petit.

COLOMBA. — Tu n'étais pas un mauvais garçon, toi...
Vrai, j'aurai du chagrin... M'emmènes-tu?

MAXIMILIEN. — Je veux bien.

COLOMBA. — Veux-tu m'embrasser?

MAXIMILIEN. — Oui.

COLOMBA. — Pour la peine, je te donnerai une récompense honnête...

MAXIMILIEN. — Quoi donc?

COLOMBA. — Tes lettres, mon bonhomme... (Elle jette un
paquet de lettres au feu.)

CÉLIMÈNE

UN CAPRICE DE CÉLIMÈNE

UNE RIDE

LA LOGE DE CÉLIMÈNE

PERSONNAGES

CÉLIMÈNE.
LE MÉDECIN DU THÉATRE.
LE COMTE.
LUNDI, journaliste.
ROSE, femme de chambre de Célimène.
Comédiens et comédiennes, personnages divers.

UN CAPRICE DE CÉLIMÈNE

1

CÉLIMÈNE, ROSE.

CÉLIMÈNE. — Fais porter cette lettre au théâtre, je ne jouerai pas ce soir.

ROSE. — Madame ne jouera pas ce soir?

CÉLIMÈNE. — Non.

ROSE. — Ce n'est pas possible. Le jour anniversaire des débuts de madame à la Comédie-Française... *Le Jeu de l'Amour et du Hasard* et la *Gageure imprévue*... Tout Paris y sera...

CÉLIMÈNE. — Eh bien?

ROSE. — Les affiches sont posées.

CÉLIMÈNE. — On les ôtera.

ROSE. — Que va penser monsieur le comte?

CÉLIMÈNE. — Ce qu'il voudra.

ROSE. — Et tous vos amis qui ont préparé leurs bouquets pour les jeter sur la scène?

CÉLIMÈNE. — Ils les jetteront dans la rue.

ROSE. — Et les journalistes, les...

CÉLIMÈNE. — Rose, donne-moi mon flacon.

ROSE. — Le voilà, madame.

CÉLIMÈNE. — Ne me dis plus rien. Personne ne m'aime.

ROSE. — Mais, madame, tout le monde vous adore.

CÉLIMÈNE. — On m'adore, mais on ne m'aime pas.

ROSE. — Enfin, madame, moi je vous aime.

CÉLIMÈNE. — Enfin, Rose, va-t'en. (Exit ROSE.)

ROSE, revenant. — Monsieur Félix Berton.

CÉLIMÈNE. — Fais entrer.

II

CÉLIMÈNE, LUNDI.

CÉLIMÈNE. — Bonjour, mon cher Lundi, comment se porte votre feuilleton?

LUNDI. — Madame, mon feuilleton se porte à l'imprimerie, et vous?

CÉLIMÈNE. — Je réponds toujours « très-bien, » pour éviter les observations. Qui vous amène?

LUNDI. — Rien. Faut-il m'en aller?

CÉLIMÈNE. — Non, asseyez-vous. Qu'est-ce que cela?

LUNDI. — Mes épreuves, dix colonnes du haut desquelles je vous contemple.

CÉLIMÈNE. — Déjà?

LUNDI. — Le journal paraît la veille. D'ailleurs je vous ai vue trente fois dans les deux rôles.

CÉLIMÈNE. — C'est toujours la même chose, n'est-ce pas?

LUNDI. — Avec mille nuances délicates... L'art, comme la nature, se transforme à l'infini.

CÉLIMÈNE. — C'est superbe. Continuez votre feuilleton.

LUNDI. — Voici les épreuves. Voulez-vous que je lise?

CÉLIMÈNE. — Non, je sais par cœur : « C'était fête hier à la Comédie-Française... tous les admirateurs... bravos... bouquets... Marivaux... etc... »

LUNDI. — N'en parlons plus.

CÉLIMÈNE. — Il servira pour une autre fois.

LUNDI. — Il servira ce soir.

CÉLIMÈNE. — Je ne joue pas ce soir.

LUNDI. — Vraiment?

CÉLIMÈNE. — Sans doute.

LUNDI. — Bien vrai?

CÉLIMÈNE. — Tout ce qu'il y a de plus vrai.

LUNDI. — Peut-on savoir?...

5

CÉLIMÈNE. — Non.

LUNDI. — Soirée perdue. Je joue de malheur.

CÉLIMÈNE. — Je vous sais gré de l'intention, et nous n'en serons pas moins bons amis.

LUNDI. — C'est ce qui me désole.

CÉLIMÈNE. — A la bonne heure, vous posez franchement votre candidature. Savez-vous que vous êtes un amoureux terrible ?

LUNDI. — Comment l'entendez-vous ?

CÉLIMÈNE. — Je ne dis pas un terrible amoureux. Vous me compromettez.

LUNDI. — Moi !

CÉLIMÈNE. — Certainement. Y a-t-il de la raison à m'encenser tous les lundis comme vous le faites ? En bonne camarade, je vous préviens que nous nous brouillerons, si vous ne mettez pas de l'eau dans votre encre.

LUNDI. — Sérieusement ?

CÉLIMÈNE. — Sérieusement.

LUNDI. — Voulez-vous maintenant que je dise du mal de vous ?

CÉLIMÈNE. — Ce serait la même chose que d'en dire trop de bien. Mon cher Lundi, je me fais vieille, je n'aurai plus qu'une passion, et ce ne sera pas vous.

LUNDI. — Je le sais bien. C'est égal, jusqu'à ce que vous me chassiez, je viendrai vous lire mon feuilleton, comme par le passé.

CÉLIMÈNE. — Venez ; j'écouterai même volontiers le récit de vos infortunes platoniques... Suis-je bonne femme, dites ?

LUNDI. — Oui, hélas !

CÉLIMÈNE. — Allons, au revoir, et que votre feuilleton vous soit léger.

LUNDI. — C'est bien décidé ?

CÉLIMÈNE. — Quoi ?

LUNDI. — Vous ne jouez pas ?

CÉLIMÈNE. — Non.

LUNDI. — Vous ne voulez pas m'aimer ?

CÉLIMÈNE. — Non.

LUNDI. — Je vais de ce pas me jeter à la rivière. Adieu, madame.

CÉLIMÈNE. — Au revoir. (EXIT.)

II

CÉLIMÈNE, seule.

Mon Dieu, quelle vie je mène !... Non, personne ne m'a jamais aimée... Des fadeurs banales, des flatteries intéressées, des vanités satisfaites... Mais un amour vrai ?... L'art et la gloire ! parlons-en !... Misère et mensonge ! Ces deux choses-là ne m'ont guère donné que des névralgies. Et l'âge vient... De toute ma vie, que restera-t-il ? Mon nom sur des affiches, quelques souvenirs, et des hommes qui, n'ayant jamais pu m'acheter, iront me calomnier. Bah ! pensons à autre chose, si je ne veux pas réellement me rendre malade. (Elle prend une lettre dans un chiffonnier.) Voilà la dernière lettre de mon collégien... Albert Despagny, élève de rhétorique à Bonaparte... Il me raconte ses joies, ses chagrins ; je suis sa confidente... c'est charmant... Il doit bien avoir dix-sept ans... Avec sa jolie moustache, il a un petit air crâne... et des yeux si bons, si ignorants, si confiants en même temps !... c'est qu'il est tout à fait gentil !... En vérité, c'est le seul être qui m'intéresse au milieu de tous ces mendiants de sourires. (Elle lit.)

.... « Le théâtre de Beaumarchais est défendu ici. Je
» suis forcé de copier mes pensums dans le *Misan-*
» *thrope*, bien que j'aime mieux *Rosine* que *Célimène.*
» Hier, j'ai eu le plaisir d'aller en prison. De la fenêtre,
» on voit des arbres, et je peux penser à vous toute la
» journée sans être dérangé. Comme je voudrais savoir
» écrire des comédies, et être beau comme *Chérubin,*
» que vous aimez tant... Heureusement, c'est une actrice
» habillée en page, et je n'en suis pas jaloux.

» Je ne sais si vous lirez cette lettre, mais cela ne fait
» rien. Je suis heureux en vous écrivant ; je m'imagine
» que je vous parle, et je n'oserais pas vous parler au-

» trement. L'autre jour, j'ai cru vous voir passer dans
» la rue... je m'étais trompé, mais mon cœur battait
» bien fort...

   : Pourquoi ne me regardez-vous jamais?... »

L'ingrat, je joue mieux quand il est là, et je ne regarde que lui.

(Lisant.) « Est-ce vous qui mettez, pendant les en-
» tr'actes, deux doigts dans le trou du grand rideau
» rouge? Est-ce que vous aimez quelqu'un? Je n'ose
» vous répéter ce que j'ai lu dans un journal qui parlait
» de vous... L'autre jour en sortant du théâtre, je suis
» venu jusqu'à votre porte; les fenêtres étaient éclai-
» rées... » (Elle entend des pas et cache vivement la lettre.)

IV

CÉLIMÈNE, LE COMTE.

LE COMTE, entrant. — Je viens d'apprendre une nouvelle
qui a le privilége de me surprendre, chère amie. On dit
au théâtre que vous ne jouez pas ce soir?

CÉLIMÈNE. — C'est la vérité.

LE COMTE. — Êtes-vous indisposée ?

5.

CÉLIMÈNE. —'Je me porte fort bien.

LE COMTE. — Je ne vois pas le motif?...

CÉLIMÈNE. — Il n'y en a point.

LE COMTE. — Il y a du moins un prétexte ; pourquoi ne voulez-vous pas jouer ?

CÉLIMÈNE. — Parce que je ne le veux pas.

LE COMTE. — Voilà une réponse de femme... Et le public ?

CÉLIMÈNE. — Que m'importe le public ? Suis-je forcée de l'amuser ? M'amuse-t-il, lui ?

LE COMTE. — Comme on voit bien que vous êtes son enfant gâté. Voyons, qu'avez-vous ? Suis-je votre ami ?

CÉLIMÈNE. — Cher comte, je m'ennuie à mourir.

LE COMTE. — Que faire à cela ?

CÉLIMÈNE. — Me laisser seule avec ma migraine.

LE COMTE. — Célimène, vos caprices sont des ordres sacrés pour moi. (Il lui baise la main.) A ce soir.

CÉLIMÈNE. —Comte, vous êtes bien aimable de vous en aller. (Il sort.)

V

CÉLIMÈNE, LE MÉDECIN DU THÉATRE.

LE MÉDECIN, entrant. — Eh bien ! eh bien ! chère amie,

quelle belle santé ! Je suis ravi. Six mille francs de location, des illuminations à *giorno*, des municipaux à cheval, une émeute devant le théâtre, et trois mille personnes dérangées, sans me compter ; qu'est-ce que cela
peut bien vouloir dire ? Ne me tirez pas la langue comme
cela, c'est très-vilain. Vous vous portez bien, vous jouerez
ce soir, eh ?

CÉLIMÈNE. — Non.

LE MÉDECIN. — Comment non ? Je vous dis que nous
jouerons. Si vous aviez seulement une toute petite at-
taque de nerfs, comme dans... mon Dieu, cette pièce...
enfin, vous jouez si admirablement cette scène-là que je
m'y laisserais prendre... Dites-moi, vous jouez, c'est bien
convenu, n'est-ce pas ? Si je dressais un procès-verbal,
j'aurais l'air d'un garde champêtre... Voilà qui va tout à
fait bien comme cela, je cours semer cette bonne nouvelle. (Il sort en courant.)

CÉLIMÈNE, criant. — Docteur, je ne jouerai pas !

LE MÉDECIN. — Oui, oui. Adieu, chère amie.

VI

CÉLIMÈNE, ROSE.

ROSE, entrant. — Une lettre pour madame.

CÉLIMÈNE. — Donne. (A part.) De mon collégien, je l'attendais. (Elle lit :)

« Les journaux annoncent pour ce soir l'anniversaire
» de vos débuts. J'ai eu le bonheur d'arriver à temps
» pour avoir une stalle. C'est le n° 32, côté gauche, au
» 3ᵉ rang. C'est donc vrai ; je vais vous voir une soirée
» entière. Si vous saviez comme je vous aime. Quand les
» violons chantent, ils me déchirent le cœur... Tout le
» monde doit vous aimer ainsi, n'est-ce pas ? et je n'ai
» rien qui puisse vous faire envie. Je n'ai pas même le
» courage de sonner à la porte de votre maison. Pour-
» tant, il y a des moments, lorsque vous êtes en scène,
» où je crois sentir votre regard s'arrêter sur le mien, et
» alors j'ai un nuage dans les yeux. Si je pouvais vous
» voir un quart d'heure ! Dites, si vous le vouliez, il ne
» serait pas difficile de mettre ce soir une fleur à votre
» épaule. Cela signifierait : j'ai lu vos lettres et je vous
» permets de venir. Mais vous ne le voudrez pas. Ce qui
» me console, c'est que rien au monde ne peut m'em-
» pêcher de vous voir, de vous aimer, et de vous le
» dire... »

VII

CÉLIMÈNE, LE COMTE.

CÉLIMÈNE, à demi-couchée. — Ah ! il viendra ce soir...
(Le comte paraît.) Vous n'êtes pas parti ?

LE COMTE. — Pardonnez-moi, chère amie, j'ai eu un
remords. Je ne vous ai jamais rien demandé, n'est-ce
pas ? Eh bien, accordez-moi une grâce... jouez ce soir,
et vous me rendrez bien heureux.

CÉLIMÈNE, à part. — Il n'osera jamais venir tout seul...
Oh ! les innocents, les innocents... les mains pleines !

LE COMTE. — Songez quel chagrin vous allez causer à
vos amis, votre royauté d'artiste peut en souffrir. Vos
triomphes me sont plus chers qu'à vous.

CÉLIMÈNE. — Ils flattent votre vanité.

LE COMTE. — N'en aurais-je pas le droit ?

CÉLIMÈNE. — Cela vous coûte assez cher, n'est-ce pas ?

LE COMTE. — Ah fi ! Célimène ?... Vous êtes injuste,
mais je ne vous en veux pas. Je connais l'influence des
heures mauvaises... Que faut-il donc vous dire ? Faut-il
vous supplier?...

CÉLIMÈNE, à part. — Oh ! mes nerfs... la fringale... J'ai envie de mordre dans une pomme verte, acide...

LE COMTE. — Célimène, votre silence me désespère... Il faut, en vérité, que je vous aime bien peu, pour ne pas trouver un mot qui puisse vous convaincre.

CÉLIMÈNE, se levant. — Tiens! vous avez à votre boutonnière, une jolie fleur. Donnez-la-moi? Voulez-vous?

LE COMTE. — Je voudrais vous en donner une corbeille.

CÉLIMÈNE. — Comte, tu es un homme charmant... Eh bien, oui, je jouerai ce soir, et je porterai tout le temps cette fleur à mon corsage.

LE COMTE. — Célimène, vous me voyez bien heureux; vraiment, je vous remercie.

CÉLIMÈNE. — Pauvre ami !

UNE RIDE

I

CÉLIMÈNE, ROSE.

(Célimène est assise devant sa toilette. Rose achève de l'accommoder.)

CÉLIMÈNE. — Rose?

ROSE. — Madame?

CÉLIMÈNE. — Qu'est-ce qu'il y a là?

ROSE. — Je ne vois rien, madame.

CÉLIMÈNE. — Regarde de plus près, tiens, là, au coin?

ROSE. — C'est une fossette.

CÉLIMÈNE. — Dans la fossette?

ROSE. — Dans la fossette?...

CÉLIMÈNE. — C'est une ride.

ROSE. — Madame veut rire.

CÉLIMÈNE. — Oui, c'est en riant qu'elle a dû venir. Examine-toi dans une glace, quand tu ris, tu verras ton front, tes yeux, ton nez, ta bouche, tout est ridé.

ROSE. — Mais non, madame, quand on rit, ça fait des boules aux joues.

CÉLIMÈNE. — On voit bien que tu as dix-huit ans, toi.

ROSE. — Madame me dit cela comme un reproche.

CÉLIMÈNE. — Tu le mérites. Moi, j'ai...

ROSE. — Madame a vingt-huit ans.

CÉLIMÈNE. — Et sonnés à toutes les horloges, je t'en réponds.

ROSE, à part. — Elle se rajeunit d'une dizaine. (HAUT.) Eh bien, madame, je vous dirai que l'âge ne signifie rien du tout. A la campagne, les filles qui travaillent aux champs sont hâlées et ridées à vingt-cinq ans comme des pommes de reinette. J'ai ma sœur...

CÉLIMÈNE. — Tu as une sœur?

ROSE. — Oui, madame, elle a vingt-trois ans; si vous la voyiez, elle ressemble à un bonhomme de pain d'é-pices... Et des mains! (Célimène regarde sa main.) Et des pieds! (Célimène regarde son pied.) Et une tournure! (Céli-mène se leve et se promène par la chambre.)

CÉLIMÈNE. — Les Italiennes et les Espagnoles sont vieilles à trente ans, mais vieilles.

ROSE. — Est-ce que les Italiennes ne se mettent pas des espèces de cuillères dans les cheveux, madame?

CÉLIMÈNE. — Ce sont de grosses olives d'acier ou d'ar-gent.

ROSE. — C'est drôle, cette mode-là... On dit que les femmes corses ont de belles chevelures.

CÉLIMÈNE. — Oh! les cheveux, c'est un mince avantage ; il est si commode d'en avoir un kilo sur la tête... La femme qui passe pour avoir les plus beaux cheveux de Paris n'en a presque pas à elle.

ROSE. — Madame a des cheveux magnifiques.

CÉLIMÈNE. — Je voudrais être blonde.

ROSE. — Moi, madame, j'ai le malheur d'être blonde, et je voudrais être brune... Les cheveux de madame sont très-fins et très-soyeux.

CÉLIMÈNE. — Je me rappelle; il y a longtemps, par exemple, en avoir coupé une mèche dans mon bandeau de droite.

ROSE. — Des cheveux à vous!

CÉLIMÈNE. — Oui... dans ce temps-là, je donnais de mes cheveux.

ROSE. — Vous faites tout ce que vous pouvez pour dire que vous vieillissez.

CÉLIMÈNE. — On finira par me croire, va, sois tranquille.

ROSE. — Pas moi, madame.

CÉLIMÈNE. — Tiens, regarde donc bien au jour... Tire les rideaux... Bien, vois-tu, maintenant, dans la fossette, comme tu dis?

ROSE. — Je jure à madame que madame se trompe.

6

D'abord, moi, quand je me couche très-tard, le matin,
en me levant, j'ai le teint jaune, les yeux cernés, la peau
toute sèche, et je vois sur ma figure un tas, mais un tas
de petits plis, tout petits; je passe l'éponge et il n'y paraît plus.

CÉLIMÈNE. — Moi, il y paraît toujours, voilà la diffé-
rence. D'ailleurs, ce n'est pas d'aujourd'hui que j'ai
aperçu ma ride ; mais je ne l'avais jamais vue si mar-
quée... La vieillesse vous prend en traître, vois-tu; on ne
s'en défie pas, et c'est dans les fossettes qu'elle se
cache...

ROSE. — Ah! mon Dieu !

CÉLIMÈNE. — Qu'est-ce qu'il y a?

ROSE. — Je sais d'où cela vient.

CÉLIMÈNE. — Parle donc.

ROSE — Madame se sert toujours de son blanc?

CÉLIMÈNE. — Oui, après?

ROSE. — Et de son rouge?

CÉLIMÈNE. — Certainement.

ROSE. — Mlle *Acanthe* a quitté son parfumeur la semaine dernière, j'ai oublié d'en parler à madame, parce
que le blanc et le rouge dont elle se servait lui ridaient
la peau.

CÉLIMÈNE. — Je crois bien, elle a quarante-quatre ans.

ROSE. — Cela n'empêche pas le blanc et le rouge du
parfumeur d'être mauvais.

CÉLIMÈNE. — Après tout, tu as peut-être raison, tu iras chez le nouveau marchand d'*Acanthe*, elle doit s'y connaître. (DEUX COUPS DE TIMBRE.) Rose, voilà le comte; fais entrer.

ROSE, à part. — C'est egal, elle n'en a pas qu'une; mais elle ne me le fera pas dire.

(Elle sort.)

II

CÉLIMÈNE, LE COMTE.

LE COMTE, lui baisant la main. — La représentation d'hier ne vous a pas fatiguée?... vous avez la main fraîche...

CÉLIMÈNE. — Regardez donc cette ride qui m'est venue là?

LE COMTE. — Vous avez rêvé, chère amie...

CÉLIMÈNE. — Vous ne voyez pas?

LE COMTE. — Je ne veux même pas regarder.

CÉLIMÈNE. — Essayez.

LE COMTE. — Quelle folle idée.

CÉLIMÈNE. — Regardez.

LE COMTE. — Vapeurs, papillons, diables bleus... Ne

vous fâchez pas, je regarde... Parole d'honneur, il n'y a rien qu'une fossette.

CÉLIMÈNE. — Vous faites bon marché de votre parole... Quel âge avez-vous, comte?

LE COMTE. — Ce n'est guère aimable ce que vous me dites là?

CÉLIMÈNE. — Je m'en dis bien d'autres.

LE COMTE. — J'ai cinquante six hivers; mais, dans ma famille, on les porte sans plier les jarrets.

CÉLIMÈNE. — A mesure qu'on avance en âge, on recherche la jeunesse. Le temps n'est pas loin où je n'aimerai plus que les fruits verts... Quant à vous, c'est chose faite; je sais que j'ai une rivale de quinze ans...

LE COMTE. — Quel enfantillage !

CÉLIMÈNE. — Rue Richelieu, plumes et fleurs, nᵒ ...

LE COMTE. — Qui a pu dire cela?

CÉLIMÈNE. — Je vous ai vu.

LE COMTE. — Vous!

CÉLIMÈNE. — Certainement. Je puis deviner le reste, je suppose... Vous m'avez fait souffrir ce jour-là, je vous l'assure.

LE COMTE. — Ah ! Célimène, au prix d'une trahison, je serais heureux de vous avoir rendue jalouse.

CÉLIMÈNE. — Je pourrais vous le laisser croire, mais vous ne m'intéressez pas... Il n'appartient à personne de me causer un chagrin.

LE COMTE. — Vous accompagnerai-je ce soir?

CÉLIMÈNE. — Je ne sortirai pas.

LE COMTE. — Je viendrai vous donner le bonsoir.

CÉLIMÈNE. — Si vous voulez. (Le comte la salue et sort.) Il me quitte?...

LE COMTE, en s'en allant. — Décidément, Célimène est d'une insuportable humeur. Est-ce ma faute si elle vieillit... Elle était si jolie.

III

CÉLIMÈNE, LE MÉDECIN DU THÉATRE.

CÉLIMÈNE, seule. — C'est la dernière fois que je ferai cette expérience...

LE DOCTEUR, entrant. — Quel temps crotté... Voyez cela... et un rhume de cerveau abominable... Très-bien... (Il éternue.)

CÉLIMÈNE. — Comment, vous qui êtes médecin, vous ne pouvez pas vous débarrasser d'un rhume de cerveau?

LE DOCTEUR. — Hein?

CÉLIMÈNE. — Je dis...

LE DOCTEUR. — J'ai bien entendu. Non, la science

humaine s'arrête interdite en face des rhumes de cerveau.

CÉLIMÈNE. — Et devant les rides ?

LE DOCTEUR. — C'est encore pis ; ça dure plus de quarante jours.

CÉLIMÈNE. — Venez donc que je vous montre quelque chose de curieux. Voyez-vous cela ?... vous ?...

LE DOCTEUR. — C'est bel et bien une ride... Ah ! oui.

CÉLIMÈNE. — Et près des yeux ?...

LE DOCTEUR. — Des rides qui font leur petit bonhomme de chemin.

CÉLIMÈNE. — Combien de temps puis-je les cacher ?

LE DOCTEUR. — Aux bonnes lorgnettes, trois ou quatre ans ; aux yeux des troisièmes loges, dix ans.

CÉLIMÈNE. — Et à mes amis ?

LE DOCTEUR. — Deux ou trois ans, avec des rideaux comme vous en avez là.

CÉLIMÈNE. — Et à vous ?

LE DOCTEUR. — Je les connais depuis le jour de l'an... J'ai même été un peu surpris... Vous avez trente-huit ?... pas vrai ?

CÉLIMÈNE. — Oui... Vous venez de me donner une nouvelle preuve d'amitié, docteur, merci.

LE DOCTEUR. — J'aime mieux vous donner un remède efficace contre les réparables outrages du temps.

CÉLIMÈNE. — Je sais qu'il n'y en a pas.

LE DOCTEUR. — Je vous demande bien pardon. Il y en a. D'abord, n'ayez autour de vous que des gens bien portants et toujours de bonne humeur. Vous avez une petite femme de chambre qui est un trésor. Regardez-la, il y a des échanges de jeunesse et de vitalité par rayonnement... des fleurs... de la lumière... Aux heures trop mauvaises, vous prendrez un élixir que je vous apporterai et qui rajeunit une soirée... Cela suffit pour que l'illusion vous aide à vaincre un accès noir... Que Dieu me benisse. (Il éternue.)

CÉLIMÈNE. — Plus de blanc ni de rouge?...

LE DOCTEUR. — Au contraire! ne changez rien à votre vie de fièvre : six mois de repos, vous seriez tout à fait vieille. On ne sait pas quelle jeunesse éternelle font les bravos sympathiques et les mille voix qui vous crient : « Tu es toujours reine, toujours belle, toujours grande comédienne! »

CÉLIMÈNE. — Et le rire, ça creuse, n'est-ce pas?

LE DOCTEUR. — Mais non, mais non. Ah! si vous restez gaie, quelle victoire!... La gaîté, c'est l'eau de Jouvence... La mélancolie peut donner du caractère aux lignes du visage; mais un teint clair, jamais. Voilà l'ordonnance... Suivez-la... Je me sauve ; à demain, chère amie.

(Le docteur sort.)

CÉLIMÈNE, seule. — Au moins, lui, il fait son métier...
Voilà donc où nous en arrivons?... Plus de famille, plus
d'amis... Tous me fuient... oui, tous, jusqu'à mon petit
collégien... Le petit sot!... S'imaginait-il pas que je me
promenais du matin au soir en costume avec tous mes
diamants sur la tête... Bah! Soyons gaie... c'est l'ordonnance du docteur.

(Elle se jette sur un canapé, le front dans ses mains, et pleure.)

LA LOGE DE CÉLIMÈNE

L'affiche du théâtre annonce : LE MISANTHROPE ; on commencera par :
Le Roman d'une heure.

Belle et chaude soirée. — 6 heures du soir. — Célimène descend de
voiture à la porte du théâtre. — Elle entre avec sa femme de
chambre qui s'arrête chez le concierge, pendant que Célimène monte
à sa loge dont elle trouve la porte toute grande ouverte.

La loge forme un salon rectangulaire. Boiseries blanches ; colonnes
plates, cannelées, noires à baguettes et chapiteaux dorés. Tentures
gris perle et bleu de Chine. Tapis gris à grande rosace bleue au
milieu. Armoires à doubles battants renfermant des costumes. Divan
dans toute la largeur. Siéges de tous les styles et de formes variées.
Le foyer de la cheminée en marbre blanc est rempli de fleurs naturelles dans une corbeille de mousse. Sur la cheminée, la statuette
en marbre de Mlle Mars, posée sur une pendule carrée en marbre
noir. A droite et à gauche, deux vases japonais à col allongé où
baignent des fleurs. Sur les panneaux, portraits à l'huile et photographies, etc.

Au fond, à droite de la cheminée, double porte donnant accès dans un
cabinet de toilette assez spacieux. Glace bizeautée ovale encadrée
d'ébène, supportée par deux amours de bronze doré, formant psy-
ché. Tentures et tapis uniformes groseille et gris pâle. Un seul fauteuil et deux chaises Louis XV.

I

CÉLIMÈNE, LE MÉDECIN DU THÉATRE, LUNDI, ROSE, PERSONNAGES DIVERS.

CÉLIMÈNE, entrant et apercevant le médecin installé nonchalamment dans un fauteuil. — Comment, vous voilà déjà, à 6 heures?

LE DOCTEUR. — Et quart. Vous êtes trop gracieuse. Je suis bien aise de vous voir en pied.

CÉLIMÈNE. — Moi aussi, cher docteur. D'où vous vient cette joie?

LE DOCTEUR. — C'est que je vais m'en aller dîner.

CÉLIMÈNE, ôtant son chapeau et son mantelet. — Vous n'avez pas dîné?

LE DOCTEUR. — Et j'ai acheté des gants gris-perle, vous voyez, *savez-vous*, comme on dit à Bruxelles, quand on joue *l'Honneur et l'Argent.*

CÉLIMÈNE. — Voyons, pourquoi se priver de nourriture?

LE DOCTEUR. — Pour vous attendre, senora, et avoir de vos nouvelles.

CÉLIMÈNE. — Que signifié cette curiosité?

LE DOCTEUR. — C'est de la sympathie, croyez-le bien. D'abord, jusqu'au premier juillet, époque de votre congé réglementaire, il faut employer la violence pour vous rappeler que vous avez à jouer. Aujourd'hui, même histoire que tous les jours. A 2 heures, je vais chez vous; 28 degrés; vous prétendez que les alexandrins de Molière sont trop longs à cette température. J'ai la candeur de vous supplier; vous me mettez à la porte, cela va de soi. A 3 heures, envoi d'un parlementaire qui n'est pas reçu, même à correction; à 4 heures, ambassadeur amical, comme ci-dessus; à 5 heures, lettre ironique et blessante pour la faculté parlant à ma personne. Congrès, télégraphe. On court aux imprimeries, on va changer l'affiche; je m'y oppose, comptant sur une de ces résolutions soudaines, de ces inspirations de la dernière heure qui décident du sort des tragédies. Bref, je rate mon dîner.

CÉLIMÈNE. — Mais allez-vous-en donc tout de suite! Qu'est-ce que vous faites là à rouler vos pouces et à me raconter votre *récit de Théramène?*

LE DOCTEUR. — « *Embêtant,* » Théramène.

CÉLIMÈNE. — Et Hippolyte, donc!

LE DOCTEUR. — Tous, parbleu. Le répertoire est une mystification séculaire, à part dix pièces qui font de l'argent.

CÉLIMÈNE. — Allez donc dîner.

LE DOCTEUR. — Il y a beau temps que c'est fait.

CÉLIMÈNE. — Alors, qu'est-ce que vous me racontez ? J'aurais dû réfléchir que mon agonie ne dérangerait pas vos habitudes.

LE DOCTEUR. — La vérité est que j'ai voulu empêcher le changement de spectacle. Je n'avais pas faim. Je me suis fait servir un consommé, une aile de poulet et des fraises, le tout arrosé d'Arbois de 34.

CÉLIMÈNE. — Ici ?

LE DOCTEUR. — Non, par là, dans un coin. Araminthe était tellement persuadée que vous ne joueriez pas, qu'elle est en train de se faire belle. Quand elle va vous voir dans ces dispositions triomphantes, ce sera une fête, chère amie, une vraie fête pour elle.

CÉLIMÈNE. — On commence par le *Roman*, n'est-ce pas ?

LE DOCTEUR. — Un *Roman d'une heure* qui dure depuis un demi-siècle.

CÉLIMÈNE. — Pas gai, le *Roman*. Tiens, voilà Rose.

ROSE, entrant. — Les lettres pour madame. Répétition demain à 2 heures. On donnera *Bataille de dames*, *Valérie* et *la Porte* (1). L'habilleuse est prête, madame.

LE DOCTEUR. — Rose, bonne fille, va donc remplir ma tabatière, petite chatte, et reste une demi-heure. (Rose sort.)

(1) On dit familièrement : le *Roman*, la *Porte*, etc.

CÉLIMÈNE. — Lisez-moi ma correspondance, si vous voulez?

LE DOCTEUR. — Comment donc. (Lisant) : « Maaaame..
• » rappelle plus... bavolet... peux pas lire ce mot-là...
» myosotis ou violette de Parme... Parme... Parme...
» brides argentées... bordure velours noir... semé d'étoiles
» d'or... »

CÉLIMÈNE. — Oui, je sais ; lisez-moi autre chose, maintenant.

LE DOCTEUR, lisant couramment et très-vite sans s'arrêter. —
« Madame, nous faisons le raccord du deuxième acte; le
» marquis est prévenu; pas de scène intermédiaire.
» Vous entrez : C'est moi qui vous ai fait informer, etc.,
» le reste sur des roulettes. Toutes mes admirations les
» plus bruyantes, mes sympathies les plus enflammées
» et l'expression d'une folie qui... »

CÉLIMÈNE, arrachant la lettre. — Ne vous gênez pas.

LE DOCTEUR. — Oh! pour cela, jamais, par exemple...
Ah! oh! qui! que! quoi! donc! car!!!

CÉLIMÈNE. — Quoi donc?

LE DOCTEUR. — Rien... Sonnet... c'est un sonnet.

CÉLIMÈNE. — Veuillez lire.

LE DOCTEUR. — L'espoir, c'est une dame... Il n'a pas
mis plus de quinze jours à le faire. (Célimène donne des marques d'impatience qui se traduisent crescendo par une pantomime nerveuse.) Ce ne sont pas de ces grands diables d'alexandrins

7

qui font double-six à tout coup avec la régularité d'un balancier : *un, deux, trois, quat', cinq, six — sept, huit, neuf, dix, onz', douze.* Non... ce sont de petits vers... eh! eh! pas mal!

CÉLIMÈNE, éclatant. — Ah!!!

LE DOCTEUR. — Très-bien. Cri du cœur. C'est à faire partir une salle comme un feu d'artifice.

CÉLIMÈNE. — Ne m'exaspérez pas.

LE DOCTEUR. — Voilà quelque chose qui m'est indifférent, par exemple. Ce monsieur déclare qu'il vous aime peu.

CÉLIMÈNE. — Vous vous trouvez spirituel, pas vrai?

LE DOCTEUR. — On le dit, cruelle Célimène, et on ne le dirait pas que ce serait la même chose... Je vous propose un marché : Je lirai le sonnet, si vous me dites quelques compliments?

CÉLIMÈNE. — Comme vous me payerez ça.

LE DOCTEUR. — Quelle rage de sonnet! Quand je pense que vous aimez Oronte... Voyons, un mot gracieux?

CÉLIMÈNE. — Vous êtes charmant.

LE DOCTEUR. — Ce n'est pas assez... un sourire... là... marchons.

CÉLIMÈNE. — Cher amour de petit docteur, j'ai envie de vous égratigner la figure.

LE DOCTEUR. — A la bonne heure, je lis : Sonnet. Vous

savez que c'est un sonnet. C'est bien convenu. Hum!
sonnet :

A CÉLIMÈNE.

> Si je vous aimais, Célimène,
> Ainsi que l'homme aux rubans verts,
> Je n'irais pas dans les déserts
> Chanter ma peine.

Je suis déjà charmé de ce petit morceau.

> Pour me venger d'une inhumaine
> Je ne parlerais pas en vers ;
> J'aurais d'une âme plus romaine
> Porté mes fers.

Pas mal, les fers. Voici les tercets :

> Il est là-bas un monticule,
> Au bord du lac cher à Catulle ;
> J'y rebâtirais sa maison ;

> Et, songeant à la perfidie
> De son amoureuse Lesbie,
> J'oublierais votre trahison.

La chute en est jolie, amoureuse, admirable et tout à
fait impertinente. Pas signé.

CÉLIMÈNE. — Je connais, donnez, je le garde.

LE DOCTEUR. — C'est sans doute un de ces adultes qui
portent la tête comme un Saint-Sacrement, et qui sem-

blent dire aux passants : « Regarde ma chevelure, je suis poëte, *odi profanum vulgus et arceo.* »

CÉLIMÈNE. — Qu'est-ce que cela veut dire ?

LE DOCTEUR. — Cela veut dire : « *Vous êtes des bourgeois.* » A propos, qu'avez-vous fait du petit Roméo ? Vous l'aviez congédié, rappelé... Suspend-il toujours à votre balcon son échelle de soie ?

CÉLIMÈNE. — Non, mon ami...

LE DOCTEUR. — Bah ? Pourquoi donc ça ?

CÉLIMÈNE. — Il y a un factionnaire en face de mes fenêtres.

LE DOCTEUR. — Je comprends. Vous avez éloigné Roméo et vous avez pris le factionnaire. Vous adoriez pourtant Roméo. Ce gaillard-là, d'un mot, troublait l'équilibre de la location. Ah ! si j'avais eu vingt-cinq ans de moins...

CÉLIMÈNE. — Et moi vingt-cinq de plus.

LE DOCTEUR. — Ah ! bien non... Bonjour, Clitandre.

CLITANDRE, en costume, s'avançant en cadence jusqu'au milieu de la loge.) — Peut-on entrer ?

CÉLIMÈNE. — Déjà habillé ?

CLITANDRE. — Oui, je brise mes souliers neufs. Qu'est-ce que vous pensez de ces broderies-là ?

CÉLIMÈNE, les examinant. — C'est un travail merveilleux.

LE DOCTEUR. — Vous avez volé ça à des académiciens.

CLITANDRE. — A propos vous savez le quatrain acadé-
mique ?

CÉLIMÈNE — Dites.

CLITANDRE.

> Dufaure et de Carné sont dans le sanctuaire ;
> Pour ma part, j'aurais mieux aimé monsieur Littré ;
> Mais les Quarante ont craint que ce savant lettré
> N'achevât seul leur dictionnaire.

(Faisant une pirouette.) J'ai fait racheter toutes les brode-
ries de l'époque qu'on a pu trouver ; on les a effilées et
refaites sur le même modèle. Il a fallu à une artiste en
passementerie dix-huit mois de travail pour tirer parti
des vieilles, et voilà le chef-d'œuvre. (Il sort en sautillant.)

VOIX derrière la porte. — Entrée libre ? (Oronte entre.)

CÉLIMÈNE. — Tiens, Oronte.

ORONTE: — Araminthe est partie en délire. Elle avait
mis la robe blanc et or.

LE DOCTEUR. — Araminthe a de splendides costumes,
mais Célimène a seule le secret des robes historiques,
on lui doit cette justice. (LUNDI entre et salue.)

CÉLIMÈNE. — Vous arrivez bien, mon cher Lundi. Je
vais m'habiller. (Rose paraît avec l'habilleuse.) Où en est-on ?

ROSE. — Le *Roman* va finir. (Célimène entre dans son cabinet. — On entend une sonnette dans le couloir, des pas précipités,
des rires, des allées, des venues.)

7.

LUNDI. — Célimène, laissez la porte ouverte.

(Voix dans les couloirs.)

PREMIÈRE VOIX FÉMININE.

> Deux gendarmes, un beau dimanche,
> Chevauchaient le long d'un sentier...

DEUXIÈME VOIX DE STENTOR.

> Oui, c'est Aga, mais non, c'est ton roi qui t'appelle!

TROISIÈME VOIX.

Oui, merci, tu mets quatre partout en bouchant ma pose, je force le dernier quatre, et tu boudes !... (Les voix s'éloignent. Deuxième coup de sonnette. Au rideau !)

(Tumulte confus. La loge de Célimène se remplit de monde. Célimène paraît, au milieu d'un murmure flatteur, en costume de son rôle : robe rouge et blanche, ouverte devant et relevée des deux côtés en draperie lâche avec des perles, sur une jupe garnie de volants de dentelle d'or ; taille longue à pointe; la garniture qui court au milieu du corsage se continuant sur la jupe sans solution de continuité apparente. Manches courtes, à sabots de dentelle, laissant la moitié du bras nu.)

LUNDI. — Vraiment, avec ces cheveux sans poudre, relevés et flottants aux tempes, entremêlés de perles et retombant sur la nuque, ne dirait-on pas un portrait sautant de son cadre sur le plancher?

LE COMTE. — Vous me rappelez le portrait de Mme de Montespan, de Petitot... (Célimène lui donne la main.) Désirez-vous que je vous conduise au foyer ?

CÉLIMÈNE. — Oui. (Célimène sort ; tout le monde la suit, à l'exception du docteur et du feuilletoniste. — Rose prend les lettres sur la cheminée et les porte dans le cabinet, dont elle ferme la porte en sortant.)

AU FOYER DES COMÉDIENS

ALCESTE. — On dit que le cheval d'un municipal s'est cabré devant le passage Saint-Guillaume.

ARSINOÉ.

> Un cheval !
> De municipal !
> C'est original !

PHILINTHE.

> « Ça m'est bien égal ! »

LE PETIT MARQUIS (*Acaste*). — Ce coin-là, c'est le rendez-vous des cochers maladroits.

ARSINOÉ. — Moi, je croyais que les chevaux des municipaux étaient en carton... ils font très-bien dans les masses populaires.

UN HOMME DU MONDE. — Est-ce que Victor-Emmanuel est à Paris?

SON VOISIN. — Qui dit cela?

CLITANDRE. — L'*Indépendance*, je crois.

ÉLIANTHE, qui cause avec Célimène. — Moi, j'ai peur des chevaux, je fais le tour.

ALCESTE. — Ce n'est pas l'*Indépendance*, c'est le *Nord*.

PHILINTHE. — Eh bien, à propos, nous avons donc la peste noire?

L'HOMME DU MONDE. — Encore un joli *canard*, sauce tartare.

ARSINOÉ. — J'ai lu ce matin dans le *Petit Journal* une chose affreuse.

CÉLIMÈNE. — Quoi donc?

ARSINOÉ. — Je ne me rappelle plus.

CÉLIMÈNE. — C'est touchant.

PHILINTHE. — On vient de décanoniser saint Ernest, dans un village des Abruzzes, à cause de la *Vie de Jésus*.

CÉLIMÈNE. — Qui est-ce qui s'appelle Ernest, ici?

CLITANDRE. — Mais moi, et je m'en vante.

CÉLIMÈNE. — Il n'y a pas de quoi. (Coup de sonnette. — Alceste se lève.)

ORONTE. — Ah! Alceste est bigrement en colère... le feu est aux planches.

VOIX DU DEHORS. — En scène ! le *Misanthrope* commence.

BASQUE. — Place au théâtre !

CÉLIMÈNE. — Adieu, chère belle, quand reprend-on *Lydie* ?

ÉLIANTHE (*Cydalise*). — Cette semaine, je pense.

CÉLIMÈNE. — J'y serai. (Échange de révérences.) A ce soir. Comte, je retourne à ma loge.

LA LOGE DE CÉLIMÈNE

. . . .

LE DOCTEUR, à Lundi. — Jean-Jacques vivait dans une féerie... L'honnête homme social, ce n'est pas Alceste, c'est Philinthe... Et une remarque que j'ai faite : Alceste et Célimène jouent absolument le même rôle dans le monde. Lui s'emporte, Célimène raille ; Alceste se bat à la hache, Célimène lance le stylet. De là leur sympathie mystérieuse et leurs affinités électives. Il manque un acte au *Misanthrope : le Mariage d'Alceste*, que, d'ailleurs, Molière laisse entrevoir. (Célimène et le comte, qui ont écouté, entrent.)

CÉLIMÈNE. — Vous avez raison, docteur, ils s'épousent, ont beaucoup d'enfants et vivent très-malheureux.

LE DOCTEUR. — A savoir. Alceste est un bonhomme qui va au doigt et à l'œil. *La scène de la lettre ?*

CÉLIMÈNE. — Je ne vous remercie pas de demander l'addition d'un sixième acte au *Misanthrope*. Je ne parais pas au premier ; mais, à partir du deuxième, je ne quitte pas la scène plus de dix minutes à la fois, et, comme il n'y a pas d'entr'actes, c'est un rôle des plus fatigants.

LE DOCTEUR. — Et pas moyen de changer de costume, rouge et blanche, ou blanche et or tout le temps. Désastreux !

ARSINOÉ, passant la tête. — Dorante et Chrysale malades demain, pas de *Bataille de Dames, Héraclius* à la place

CÉLIMÈNE. — Qu'en pense M. Germeuil ?

ORONTE, qui passe.

> « Il en gémit, madame, et ce doux secrétaire
> » En portera le deuil en son cœur solitaire. »

CÉLIMÈNE. — C'est très-littéraire, *Héraclius.* Cher Lundi, dans votre prochain feuilleton, parlez donc un peu moins de mon expérience.

LUNDI. — Ah ! c'est trop fort ! Je gage que, le faisant vous-même, vous me diriez encore des choses désagréables. La critique est-elle un sacerdoce, oui ou non ?

LE DOCTEUR. — Et les six fameuses cuillers de vermeil des critiques?

LUNDI. — Ah! oui. Si encore on nous les envoyait.

CÉLIMÈNE. — Outre vos impertinences, vous dites des sottises grosses comme des vaisseaux. (A Clitandre qui passe.) Où en est-on?

CLITANDRE, dans le couloir. Il s'arrête et chante sur l'air du tra :)

> Morbleu! C'est une chose indigne, lâche, infâme,
> De s'abaisser ainsi jusqu'à trahir son âme ;
> Et si, par un malheur, j'en avais fait autant,
> Je m'irais de regret pendre tout à l'instant,
>   Sur l'air du tra la, la, la...

(Il s'éloigne.)

LE COMTE. — Pourquoi ne joue-t-on pas ce joli flon-flon entre les actes, au lieu de leur éternelle *mazurque* ou de la *romance irlandaise de Martha?*

LE DOCTEUR. — Non, ce serait mieux dans les chœurs d'*Esther.*

LUNDI. — Célimène, vous devriez user de votre autorité et de votre influence pour demander que les bustes de Diderot et de Beaumarchais ne se morfondent pas dans un couloir, pendant que celui de Piron est au foyer d'honneur.

CÉLIMÈNE. — Dites-le dans votre feuilleton, sacerdotalement. (Coup de sonnette.)

VOIX DU DEHORS. — Deuxième acte ! en scène !

(Célimène sort, suivie du comte, du docteur et de Lundi. Elle entre en scène. Salve d'applaudissements.)

— — —

.   .   .   .

CÉLIMÈNE, sortant de son cabinet, costume de ville.) — Puis-je prendre une glace, docteur ?

LE DOCTEUR. — Mais certainement. Du malaga vaudrait mieux.

CÉLIMÈNE, au docteur. — Venez souper avec moi : vous n'avez pas dîné ?

LE DOCTEUR. — Je veux bien.

LE COMTE, à Lundi. — Voulez-vous être des nôtres, monsieur ?

CÉLIMÈNE. — Venez, cher Lundi ; souper, c'est encore un sacerdoce... et Cydalise y sera.

LE DOCTEUR. — Oui, *le Souper des athées*, chez le baron d'Holbach... C'était le bon temps.

UNE INTRIGUE A L'OPÉRA

PERSONNAGES

AMAURY, artiste.
GONTRAN, fils de famille.
DEUX DOMINOS.
MADAME D'AIGRIGNY.
UN GARÇON. — MASQUES.

UNE INTRIGUE A L'OPÉRA

AU FOYER

(Amaury et Gontran arpentent le foyer. Ils s'arrêtent un instant devant l'horloge et continuent leur promenade. Deux dominos les suivent.)

AMAURY. — Vieille bête d'horloge, va... N'as-tu pas honte de marquer l'heure?... Une heure trois quarts; on commence à se tasser... Dis donc, Gontran?

GONTRAN. — Cher ami?

AMAURY. — Pourquoi dit-on toute la semaine : « Est-ce assez bête le bal de l'Opéra... on y dort debout. » Et en somme, on y vient presque tous les samedis.

GONTRAN. — J'aime autant ça que les soirées de madame d'Aigrigny.

AMAURY. — Mais c'est toujours la même chose : Monsieur, votre paletot, au vestiaire; trois ou quatre braillards adossés aux portes dans les couloirs; des filles estampillées; un orchestre de cannibales; une fournaise qui sent mauvais, et le foyer... tu vois... (Ils échangent un salut de la main avec des visages de connaissance.) C'est plein de journalistes. Dis donc, Gontran, viens-tu-t'en?... *Ta-ti-ta-ti-tatati-tatitati, rien n'est sacré pour un sapeur...* En-tends-tu?...

GONTRAN. — Amaury, tu bavardes pas mal.

AMAURY. — En effet, je suis entaché d'ébriété. Si je n'avais pas le cerveau chauffé à blanc, je m'en irais. Dis donc, Gontran, crois-tu que je pourrai souper?

GONTRAN. — Mais certainement.

AMAURY. — Cette guirlande de dominos noirs m'enthousiasme. Voilà plusieurs années que je cherche au foyer une institutrice, une femme du monde ou une actrice. Je ne trouve que des dominos apprivoisés qui se laissent prendre à la main, ou qui se jettent dans vos jambes. C'est la mise en train; mais il doit y avoir du poisson dans la nasse.

GONTRAN. — Nous sommes suivis depuis une demi-heure par deux dominos d'une certaine élégance.

AMAURY. — J'aime cette réserve et cette pudeur. (Il fait volte-face brusquement.) Domino, trois mots?

LE DOMINO. — Si vous en dites quatre, une discrétion.

AMAURY. — Institutrice? actrice? femme du monde?

LE DOMINO — Un des trois. Votre bras.

AMAURY. — Gontran, il faut nous séparer. J'en gémis, mais nous nous retrouverons facilement. Sois le cavalier *patito* de cette deuxième institutrice en rupture de pensionnaires. (Gontran offre son bras.) Vous avez l'air mélan-

colique, madame?... mademoiselle?... *Señora, signora,
signorina?*... (Mutisme du domino.) Au cas où vous seriez
Allemande et demoiselle noble, *yungfraü,* je crois....
Miss, milady? Non? C'est que j'ignore le russe. Si vous
êtes Moldave, le cœur de mon ami bat pour cette nationalité. (A Gontran.) C'est peut-être une créole... *Dansez
bamboula, zizi pa-tapou.* (Gontran s'éloigne.) Et maintenant,
domino, dusses-tu me dire de ces choses qui font l'œil
sombre et le front pâle, viens prendre une glace; j'ai
soif et je t'adore. Et surtout, intrigue-moi.

AU BUFFET

AMAURY, SON DOMINO, dans un coin.

LE DOMINO. — Vous alliez partir?

AMAURY. — Attends que je me fasse un commencement
d'opinion sur ton compte. J'ai le droit de constater une
oreille rose, une bouche moyenne, cheveux cendrés,
camélia blanc, yeux assassins... Avance le pied? Gros
comme une souris, menton double. (Le domino se dégante.)

Ah! tout est bien perdu, vous avez les mains blanches!

8.

C'est un vers de l'Odéon, et je vous suppose des environs, ô patricienne!

Le reste valait bien l'honneur d'être montré.

LE DOMINO, le regardant bien en face. — Oui, monsieur Amaury.

AMAURY. — Madame... veuillez me pardonner... Je regrette...

LE DOMINO. — Voilà maintenant que vous prenez les airs penchés d'un domestique du Gymnase qui apporte une lettre, et vous allez me réciter une phrase de M. Bressant. Soyez moins grave, monsieur Amaury.

AMAURY. — Tu t'exprimes avec charme., ô femme inconnue... As-tu lu les *Mémoires d'une biche anglaise?*

LE DOMINO. — Monsieur...

AMAURY. — Je te les porterai demain, entre minuit et deux heures du matin.

LE DOMINO. — Vous êtes fou...

AMAURY. — On le dit. Je m'incline devant l'opinion publique; mais je n'ai pas le moindre chapelet du temps de Charlemagne à passer à ton cou. (Il lui prend la taille.)

LE DOMINO. — Monsieur, permettez-moi...

AMAURY. — Je ne permets rien. Si tu résistes, je te préviens que je n'assassine pas. (En sourdine.)

Oui, je veux, je veux à Venise,
Riche et puissant, briller un jour,
Je veux l'amour d'une marquise,
Je veux, je veux un palais, une cour.

LE DOMINO. — Vous avez une singulière façon d'interpréter ma permission.

AMAURY. — Je ne me laisse attacher qu'avec des cordes en caoutchouc, et d'abord, garde tes observations. Voici les miennes. Ou tu es une actrice qui me récite des morceaux de dialogue, et alors je te pardonne, ou tu es une institutrice isolée et lettrée qui a lu des romans, et alors tu me captives, car je rêve d'une femme blonde aux mollets d'azur.

LE DOMINO. — Soyez sage, monsieur Amaury.

AMAURY. — Tâchons de nous entendre, car j'ai des principes, madame, et une théorie.

LE DOMINO. — Ah! voyons cela?

AMAURY. — Avec les vierges folles, je suis d'un platonisme idéal, et je les traite comme des anges de neige qu'un souffle humain fait fondre... Le dégel est amusant, je t'en réponds.

LE DOMINO. — Et les femmes du monde?

AMAURY. — L'expression de mes sentiments les plus extravagants.

LE DOMINO. — Finissez, je vous en prie. (Elle tire sa montre.) Bientôt trois heures; il faut que je parte avec mon amie... Vous retrouverai-je samedi prochain, à une heure?

AMAURY. — Sous l'horloge, jamais!

LE DOMINO. — Je ne vous ai jamais vu ainsi, finissez donc! Laissez-moi.

AMAURY. — Dans un salon, c'est possible. Ah! reste encore!

> Ce n'est pas le matin, ce n'est pas l'alouette,
> C'est l'orchestre de Strauss. Entends-tu la trompette?
> Donne-moi des baisers, ta taille est faite au tour;
> Ta montre ne va pas, non, ce n'est pas le jour!

LE DOMINO. — A la bonne heure, je vous aime mieux ainsi.

AMAURY. — Quand je te le disais.

LE DOMINO. — Vous connaissez madame d'Aigrigny?

AMAURY. — Tu m'intrigues prodigieusement; continue.

LE DOMINO. — Je vous ai vu chez elle, et je vous y reverrai bientôt.

AMAURY. — C'est un plaisir permis. Et quand je passerai près de vous, madame, le frôlement de votre robe chantera dans mon cœur : C'était elle, c'était elle, ah! oui, c'était bien elle.

LE DOMINO. — Voilà que vous recommencez?...

AMAURY. — Il arrive une heure, à l'Opéra, où j'éprouve le besoin de faire du bruit... *Caveant consules...* Si tu savais le latin, *dominus, domino,* tu verrais comme je sais braver l'honnêteté. (Au garçon qui passe, d'une voix douce.) Garçon?... Esclave, apporte-nous des glaces qu'aimait Thraséas.

LE GARÇON. — Vanille — citron — groseille — pistache — framboise et café.

AMAURY. — Tout va. (Le garçon apporte des glaces multicolores.) Ça me fait penser au drapeau sarde, rouge, blanc et vert, groseille, citron, pistache. Si tu veux venir à Gênes, femme inconnue, je t'offre un granit, au café de la Concorde, sous les orangers.

> Connais-tu le pays où les verts citronniers
> Balancent leurs fruits d'or au souffle de la brise ?
> Où l'air est embaumé des parfums printaniers
>   Du myrthe et du cythise ?
> Par le chemin de fer, veux-tu qu'on t'y conduise ?

LE DOMINO, cherchant à se dégager. — C'est un peu loin... Pardon, j'aime beaucoup la société des artistes... mais...

AMAURY. — Je n'ai pas tout dit et tu m'entendras jusqu'à la fin. Tu as capitulé avec les préjugés sociaux. Tu as voulu manger des pommes. Monsieur est au cercle ; tu as déserté le foyer conjugal pour venir respirer l'air des voluptés âcres, et tu te fâches ? Si tu es une mère de famille, avoue-le ; je suis d'une folle gaieté, et je me roule à tes pieds comme une panthère... Je voudrais bien savoir — comment — Gontran — conduit — sa barque ?

LE DOMINO. — Plus poliment que vous.

AMAURY. — Que viens-tu faire ici, où la plus légère chaloupe est nécessairement orageuse, à ton âge, presqu'une enfant ?... Et vous m'aimez !

LE DOMINO. — Pourquoi êtes-vous arrivé si tard, mardi dernier, chez Mme d'Aigrigny ?

AMAURY. — O renversement de l'ordre des choses ! elle y revient. J'avais dîné avec Gontran, et j'avais besoin de me rappeler à l'ordre.

LE DOMINO. — Parlons sérieusement, voulez-vous ?

AMAURY. — Est-ce pour un mariage ?

LE DOMINO. — Non. Il faudrait partir.

AMAURY. — Je sonne la retraite. Écoute : secret absolu, inviolable. Masque au front, comme à la Tour de Nesle. Si vous avez des cheveux, on ne vous étranglera pas avec ; mais si vous ne venez pas souper avec nous, je m'attache à vos pas.

LE DOMINO. — Nous prendrons une voiture.

AMAURY. — Nous monterons sur les chevaux. Un mot, madame, et je deviens poli. (Il l'embrasse.)

LE DOMINO. — J'accepte.

AMAURY. — Et votre amie daignera-t-elle consentir ?

LE DOMINO. — Monsieur Gontran vous le dira. (Ils se lèvent.)

AU FOYER

GONTRAN, SON DOMINO

. . . .

GONTRAN. — Les renseignements que vous avez sur moi sont assez exacts. Je vous assure, madame, que je ne ferai aucune tentative, ni directe, ni indirecte, pour pénétrer le mystère de votre incognito. Ce qu'il y a de charmant, dans une relation toute platonique comme celle-ci, c'est la préface de ce roman auquel il ne manquera que le dernier chapitre. Vraiment, je ne veux pas oublier cette soirée...

DEUXIÈME DOMINO. — Vous êtes comme moi, monsieur, vous aimez la poésie.

GONTRAN. — Je suis au contraire un homme très-prosaïque.

DEUXIÈME DOMINO. — Je ne le crois pas.

GONTRAN. — C'est à coup sûr de l'indulgence. Voilà nos amis.

(Ils se rejoignent. Les deux dominos disparaissent dans l'encoignure, ornée d'une glace, où les dominos sombres vont rétablir leurs coiffures.)

AMAURY, GONTRAN

AMAURY. — J'ai quelques doutes graves sur l'aristo-cratie de mon domino.

GONTRAN. — Moi, je n'en ai aucun. Mais elles sont jo-lies.

AMAURY. — Une certaine orthographe dans le parler, et des barbarisme dans les manières.

GONTRAN. — Une chatte et une colombe.

AMAURY. — Ça joue et ça roucoule.

GONTRAN. — Et ça soupe avec appétit. Les voici, en route.

AMAURY. — Nous irons chez ***.

GONTRAN. — C'est un peu loin.

AMAURY. — Tant mieux.

(Ils reprennent le bras de leurs dominos et quittent le foyer.)

DANS LE COULOIR, AU PASSAGE

DES MASQUES. — Des femmes chic! — Les deux sœurs!
— Aux petits oiseaux! — Déballage! — A samedi!!!

EN VOITURE

PREMIER DOMINO. — Mon amie est toute tremblante; monsieur Amaury, ne l'effrayez pas.

AMAURY. — C'est le froid. Madame ne fume pas? (Il flambe une allumette.) Dans le doute, je ne m'abstiens jamais. Gontran, cette jeune fille est un ange. Vous faites la paire.

CABINET N° 7

GONTRAN, après avoir écrit le menu. — Mesdames, le garçon qui nous sert est sourd et muet, il ne sait ni lire ni écrire.

AMAURY. — Et aveugle de naissance. Il est même d'une indifférence telle...

PREMIER DOMINO. — On voit que vous avez éprouvé son silence.

GONTRAN. — Si nous ne sommes pas des anachorètes,

madame, c'est sans doute que toutes les femmes n'ont pas votre vertu.

AMAURY. — De l'esprit, mais des longueurs. Mon cigare ne va pas.

GONTRAN. — Dans la poche de mon pardessus, cher ami. (Les deux amies se démasquent.) Toute flatteuse que soit pour nous cette marque de confiance, mesdames...

AMAURY. — Dont nous sommes fiers, osons le dire.

GONTRAN. — Nous déclarons n'être pas plus avancés qu'auparavant. Nous vous savions jolies...

AMAURY. — Gontran?

GONTRAN. — Mon ami?

. . . .

. . . .

CHEZ MADAME D'AIGRIGNY

MADAME D'AIGRIGNY, à sa toilette, **ANTOINETTE,** sa femme de chambre.

MADAME D'AIGRIGNY. — Ah! mademoiselle Antoinette, vous allez, sans ma permission, au bal de l'Opéra, avec la femme de chambre de madame de Valbrun?

ANTOINETTE. — C'est la première chose que je comptais bien dire à madame... Nous avons vu monsieur Gontran et son ami, monsieur Amaury.

MADAME D'AIGRIGNY. — Et que faisaient-ils?

ANTOINETTE. — Ils se promenaient dans le foyer... et ils n'avaient pas l'air de s'amuser beaucoup.

MADAME D'AIGRIGNY. — Je suis bien aise de le savoir... Coiffez-moi.

LA LOGE DE DORINE

LA LOGE DE DORINE

La pièce d'entrée est un petit salon, divisé par un rideau formant ainsi une espèce d'antichambre. Les draperies et l'ameublement sont en reps vert à rayures de soie bouton d'or. Le papier de tenture est blanc à losanges d'or mat. En entrant, on a en face de soi la fenêtre ; à droite est une cheminée, munie de deux appliques mobiles à trois branches. La place de la pendule est occupée par un coffret à bijoux. En face de la cheminée, devant une glace qui va du plancher au plafond, est une petite table supportant un miroir bizeauté. Le tapis est couleur groseille à fleurs jaunes.

Une porte de communication donne accès dans un cabinet de toilette où sont les armoires renfermant des costumes. C'est là que s'habille la Dorine de *Tartufe*, la Suzanne du *Mariage de Figaro*.

I

DORINE devant sa toilette. Physionomie vive et ouverte, geste décidé, grands yeux bleus hardis. Elle parle d'une voix nette, sonore, vibrante, et les mots se suivent avec la rapidité d'une volée de flèches. — ERNESTINE. Type chiffonné d'une camériste du dix-huitième siècle. Elle porte une robe de mousseline blanche à petites fleurs, légère et transparente. Jambe fine, épaule ronde et bras nus. Elle ouvre et referme les armoires, plie et déplie les costumes, les regarde avec des gestes de commissaire-priseur, les jette sur les chaises pour aller voir à la porte, va, vient, court, tourne comme un écureuil en cage et reste immobile dans un coin, où elle grignotte quelque chose qui croque sous la dent. On voit passer des chiffons et un bout de ruban des poches de son petit tablier de soie. Sa poitrine est cuirassée d'épingles. On aperçoit les anneaux d'une paire de ciseaux plantés dans ses cheveux, et qu'elle cherche partout. De temps en temps, elle se fait des mines dans une glace, éclate de rire comme une paire de castagnettes et s'arrête court.

DORINE, vite. — Ma houppe, ma houppe, ma houppe, ma houppe ! ! !

ERNESTINE, même jeu. — La houppe, la houppe, la houppe, la houppe ! ! !

DORINE. — Insupportable créature. Où est-elle ?

ERNESTINE. — Je la tenais.

DORINE. — Te voilà comme une souche... Où vas-tu ?

ERNESTINE. — Mes ciseaux... je les avais posés... là... tout à l'heure... Ça s'envole dans les frises quand on n'y fait pas attention... Psssit !...

DORINE. — Tu les a plantés dans ton chignon. Ils vont sentir la pommade.

ERNESTINE. — Je ne m'en sers jamais, madame. J'ai une espèce de poudre de sel marin et d'iris...

DORINE. — Oui, moi aussi ; où est la houppe ?

ERNESTINE. — La voilà dans le coffret.

DORINE. — Donne... Maintenant il faudrait tortiller ce bouquet de fleurs d'oranger... Allons, bon ! voilà que j'éparpille tout sur le tapis... As-tu jamais vu un tapis groseille aussi ridicule que celui-là, Ernestine?

ERNESTINE. — Jamais, madame.

DORINE. — On a l'air de marcher sur des tartines de confitures?... Aimes-tu les confitures?

ERNESTINE. — Hon!... oui.

DORINE. — Ramasse donc les fleurs, au lieu de les regarder. Crois-tu pas qu'il va pousser des oranges?... Mais dépêche-toi donc, Ernestine... Qu'est-ce que tu fais? tu mets mon bouquet dans tes cheveux?...

ERNESTINE. — C'est pour voir l'effet... Oh! madame, comme ce doit être drôle de marcher à l'autel. Je me vois d'ici...

DORINE. — As-tu fini de gambader?... A propos, et mes chapeaux?

ERNESTINE. — Madame Guy viendra demain.

DORINE. — Ce Desmaret n'arrive donc pas? Il est lent comme une tragédie.

ERNESTINE. — *Gnien, gnien...* Cet animal-là n'en finit pas; il a toujours l'air de vous bâtir sur la tête des maisons à cinq étages. Et M. Falconey, madame?... Mon Dieu, comme c'est triste quand il n'est pas là... Voilà au moins huit jours... Je l'adore... je l'adore... je l'adore...

DORINE. — Ernestine! Ernestine!

ERNESTINE. — Madame! madame!

DORINE. — Il y a quelque chose qui a remué là-dessous.

ERNESTINE. — Non, madame; c'est le tabouret qui n'est pas d'aplomb.

DORINE. — Je te dis que c'est une bête vivante.

ERNESTINE. — Non, madame; les chats du théâtre sont en train de dîner.

DORINE. — Viens voir tout de suite, cette horrible bête va me griffer... Divine Providence..., qu'est-ce que tu vois?

ERNESTINE, à genoux. — Je vois les jambes de madame.

DORINE. — Sotte pécore!

ERNESTINE. — C'est dans le *Tartufe*... Madame, je crois que j'ai mis un bas à l'envers... Oui, voilà la couture... il est à l'envers.

DORINE. — Ça porte bonheur; laisse-le tranquille.

ERNESTINE. — Et puis la jarretière va comme cela... en côté.

DORINE, poussant un cri terrible. — La bête vivante!!!

ERNESTINE. — Mais non, madame; j'arrange la jarretière. On voit la couture du bas... Le voilà ôté.

DORINE. — Qui est-ce qui va là? On n'entre pas; allez-vous-en.

FALCONEY, dans le salon. — Patte blanche. Bonsoir, Dorine; qu'est-ce que vous faites donc là, sans indiscrétion?

DORINE. — Il y a de l'indiscrétion. N'entrez pas. Vous êtes charmant, Falconey; voilà dix jours qu'on ne vous a vu.

II

Les Mêmes, **FALCONEY**. Fine barbe et longs cheveux blonds roulés; œil bleu. Physionomie hautaine et dédaigneuse, tempérée par un sourire. Costume de dandy; allure négligente et distinguée. Il fume une cigarette de tabac turc.

FALCONEY, entrant. — Ah! ah!... Très-bien.

ERNESTINE. — Bonsoir, monsieur Falconey. Vous voilà avec une belle figure de pain d'épices. Vous avez été au soleil... (Elle se relève.) C'est fait.

FALCONEY. — Quoi donc?

DORINE. — C'est mon bas qui était à l'envers.

FALCONEY.

> Très-bien, répond le roi;
> On va le remettre à l'endroit.

DORINE. — Insolent... Je vous en veux.

FALCONEY. — Pas moi, je vous l'assure. (Ernestine va à la cheminée et prend des perles et des bijoux dans un coffret. Falconey lui donne des tapes sur les joues.) Et toi, bonne bête, m'adores-tu toujours?

ERNESTINE. — Oui, monsieur... Je vais me fâcher.

DORINE, lui donnant la main. — Bonsoir, cher... Voilà que vous fumez encore dans le théâtre... Vous n'avez donc pas vu les règlements ? On a placardé des carrés plein les escaliers. Il y en a même un sur ma porte.

FALCONEY. — Nous vivons sous un prince ennemi des pompiers. Est-ce que je lis vos affiches, moi ?

ERNESTINE. — Oui, oui, c'est à cause de M. Falconey.

FALCONEY. — Trop d'honneur.

DORINE. — C'est la vérité.

FALCONEY. — Mme de Girardin a dit, il y a quinze jours : « *le cigare ou la solitude.* » J'ai choisi la cigarette, que voulez-vous ?

DORINE. — Que vous ne fumiez pas dans ma loge.

FALCONEY. — *Il faut me prendre ainsi — ou me mettre à la porte.*

DORINE. — Deux vers, achevez donc le quatrain.

FALCONEY. — *Mais, si je sors d'ici, — que le diable m'emporte.*

DORINE. — Voilà tous les vers que vous avez sur vous ?

FALCONEY. — J'en ai plein mes poches.

DORINE. — Ce tabac a une odeur exquise... Faites-moi donc une cigarette.

FALCONEY. — J'ai essayé pendant un mois de les faire comme Horace Vernet, en posant le papier sur mon genou et... *frrrout !* sa cigarette est roulée ; mais c'est un secret à lui, comme de faire une queue de cheval d'un coup de pinceau... Voilà une cigarette classiquement roulée... C'est Théo qui a rapporté ce tabac de Constantinople ; il est pâle comme les cheveux de Lucrèce Borgia.

DORINE. — Elle vous en a donné ?... Et Théo a-t-il toujours ses cheveux et sa barbe de prophète ?

FALCONEY. — Mais oui.

DORINE. — Et son gilet rouge ?

FALCONEY. — Oui.

DORINE. — Il l'aura rapporté d'Espagne... Les gilets rouges doivent se porter dans les combats de taureaux.

ERNESTINE. — On dit que le rouge les aguiche, madame ?

DORINE. — Qu'est-ce que tu fais, Ernestine ?

ERNESTINE. — Madame, c'est un pli à la ceinture ; l'endroit du bouquet est décousu. (Elle fredonne :)

« Avez-vous vu dans Barcelone...

DORINE. — S'il a son gilet rouge, il y a un drame d'Hugo qui n'est pas loin.

FALCONEY. — Il est même ici. On lit jeudi.

DORINE. — Allons, bon, on se battra au couteau.

FALCONEY. — Je comprends très-bien l'assassinat en matière littéraire.

DORINE. — Et en amour ?

10

FALCONEY. — Oh ! en amour, on poignarde Desde-
mona... Pour les autres, le mépris est suffisant.

DORINE. — Vous avez des théories d'une gaieté étour-
dissante, Falconey.

FALCONEY — Mais oui, ma parole d'honneur... Il y a,
comme cela, des vierges indignes du poignard... Ernestine, donne-moi un verre d'orangeade avec un morceau
de glace.

DORINE. — Qu'avez-vous fait, ces dix jours ?

FALCONEY. — J'étais dans une île voisine, avec quelques
autres Robinsons de votre connaissance.

DORINE. — De sexes divers ?

FALCONEY. — Oui. Nous nous sommes cachés là. On
faisait de la musique et on allait en bateau. J'avais un
appétit enragé.

DORINE. — C'est adorable d'avoir faim. Vous avez tra-
vaillé ?... Des vers ?

FALCONEY. — Beaucoup.

DORINE. — Buloz va offrir des hecatombes de bélier
aux neuf muses.

FALCONEY. — Êtes-vous sûre qu'il n'y en a que neuf ?

DORINE. — Flatteur.

FALCONEY. — J'en atteste Buloz... Va bien, Buloz ?

DORINE. — Il m'a demandé de vos nouvelles au foyer...
Je crois qu'il ne se porte pas mal... il louche toujours
un peu.

FALCONEY. — Le pauvre homme! C'est égal, il me déplaît... Et son aimable aide de camp?

DORINE. — Méconnaissable. Buloz l'a dompté; il a l'air d'être changé en statue.

FALCONEY. — De sel?

DORINE. — Non, de sucre candi.

ERNESTINE. — Monsieur Falconey, voilà un verre d'orangeade.

FALCONEY, lui rendant le verre. — Glacé; merci, bonne fille.

DORINE. — Ernestine, ce corsage fait des plis à l'épaule... Qui entre là?

III

LES MÊMES, CAMILLE. Une tête d'impératrice sur un corps de statue moulé par une tunique blanche à plis droits.

CAMILLE. — Je viens vous dire un petit bonsoir, avant d'être égorgée dans la coulisse. Bonsoir, Falconey.

FALCONEY. — « Filles de la *Vingince, Harmez-vous!.. Harmez-moi!* »

CAMILLE. — Venez-vous souper ce soir, Falconey?

FALCONEY. — Certainement.

CAMILLE. — Nous nous disputerons... Bonsoir, Dorine, Suzanne, Marinette... Vous venez, n'est-ce pas ?

DORINE. — *Oui, mais si Falconey nous promet d'être sage.*

FALCONEY. — Il pleut des alexandrins dans cette loge.

CAMILLE. — On sonne le cinquième acte... adieu.

FALCONEY. — Tâchez de ne pas trop mourir de *plai-siiiiir...*

(Elle sort.)

IV

LES MÊMES, DESMARET. Il a des allures diplomatiques ; il parle méthodiquement et marche comme un danseur. Malgré son costume moderne, il semble avoir une perruque à rouleaux. Son habit lâche, dégagé sur la poitrine et à basques carrées, lui donne l'air d'un vieux portrait.

DORINE. — Enfin, voilà Desmaret, la tortue du dix-huitième siècle descendue de son cadre. (Desmaret s'incline profondément en allongeant sa main qui tient un fer à friser et en jetant une jambe en arrière.) Vous avez l'air renversé ?

DESMARET. — Je viens, madame, de casser huit cheveux à Mlle Aricie.

DORINE. — Et combien lui en reste-t-il ?

DESMARET. — Je ne les ai pas comptés.

DORINE. — Ce ne serait pas long. Elle ne vous gardera pas une dent pour cela, elle n'en a plus.

DESMARET. — Les cheveux, madame, ne sont qu'un prétexte pour construire une coiffure.

FALCONEY. — Il parle comme M. Auger, le plus chauve et le plus perpétuel des académiciens. Et la politique, Desmaret?

DESMARET. — Les journaux sont bien inquiétants...

DORINE. — Laissez donc, c'est Verteuil qui fait courir ces bruits-là.

DESMARET. — Je n'ai pas eu l'honneur...

DORINE. — Pas trop en l'air, Desmaret, vous savez.

DESMARET. — Oui, madame, seulement relevé, pour dégager l'oreille... de voir M. Verteuil depuis la 784ᵉ d'*Andromaque*, c'est-à-dire depuis cinq semaines.

DORINE. — Comment, la 784ᵉ d'*Andromaque?* Vous les comptez donc depuis deux siècles?

DESMARET. — Oui, madame.

DORINE. — Quel âge avez-vous, Desmaret?

DESMARET. — Cinquante-neuf ans.

DORINE. — C'est de la coquetterie... Alors, comment faites-vous ce compte-là?

DESMARET. — Par les registres.

DORINE. — C'est différent; et le *Mariage?*

10.

DESMARET. — Eh! pas loin d'un petit mille... Une pièce qui est tombée à la première.

DORINE. — Elle ne s'est pas mal relevée.

DESMARET. — Mais oui... J'ai vu jouer *Suzanne* par Mlle Mars en janvier mil huit cent...

DORINE. — *Mars* en *janvier!* C'est un mot, Desmaret.

DESMARET. — Je ne l'ai pas fait exprès.

DORINE. — C'est comme ça qu'on fait les jolis... Verteuil vous disait donc que la politique dansait sur des trappes?

DESMARET. — C'est-à-dire que je n'ai pas vu M. Verteuil...

DORINE. — Depuis 1789, c'est convenu. Verteuil a la prudence du serpent. J'ai toujours eu dans l'idée qu'un beau matin, Verteuil demandera des têtes.

DESMARET. — Moi aussi, je demande des têtes.

FALCONEY. — Desmaret, voilà un mot. Je vous ferai des vers, pour la peine.

DESMARET. — Monsieur Falconey veut railler.

FALCONEY. — Non. Je les donnerai à Dorine pour vous les remettre.

DESMARET. — Madame les perdra.

FALCONEY. — Ça ne peut pas manquer. Et la politique?

DESMARET. — On dit...

DORINE.

Et sans horreur il ne peut le redire...

Desmaret, voilà un chef-d'œuvre de bandeau.

DESMARET. — ... Que Sa Majesté a changé le ministère. C'est M. Guizot qui rentre.

FALCONEY. — *La nuit porte au conseil.*

DORINE. — Falconey, où pêchez-vous cela ?

FALCONEY. — Chez Mme de Girardin. C'est Balzac qui l'a trouvé, avec un autre : « *Tous les hommes sont nigauds devant la loi,* » à propos du grand procès...

DORINE. — Vous ne savez pas, Falconey ? J'adore les assassins ! Si je savais l'adresse d'un criminel, mais un beau, un premier rôle... *marqué*... j'irais demeurer dans sa maison pour lui voir descendre les escaliers... Je lui payerais son loyer... J'ai causé l'an dernier avec la sœur d'un homme qui avait tué père et mère... J'ai son portrait, je vous le ferai voir... quarante ans, blond. Il n'y a que les blonds : des agneaux ou des assassins, pas de milieu. J'adore les hommes qui tuent, moi ; ils ont une façon de vous regarder qui fait froid dans le dos.

DESMARET. — Madame, je vous supplie de ne pas bouger la tête.

DORINE. — Mon rêve serait de voir un condamné à mort. Vous ne connaissez personne qui pourrait me faire voir ça ?

FALCONEY. — Il y a Sanson.

DORINE. — C'est mon professeur.

FALCONEY. — Non, pas celui-là ; l'autre.

DORINE. — J'ai presque envie de demander un congé pour aller passer quinze jours à *Niort-Deux-Sèvres*.

FALCONEY. — A *Niort-Deux-Sèvres ?*...

DORINE. — Il y a un crime superbe qu'on va juger ces jours-ci : une famille entière brûlée dans une chaumière.

FALCONEY. — Par malveillance ?

DORINE. — Ah ! Voilà un département sympathique que les Deux-Sèvres !... Une jolie petite manufacture de primes. Qu'est-ce que les héros de romans, à côté de ces assassins-là ? J'en raffole. J'en veux un. Desmaret, tuez donc quelqu'un pour me faire plaisir ?

DESMARET. — Madame, ma mission est remplie.

DORINE. — Eh bien ! bon voyage, monsieur Desmaret !

(Desmaret s'incline et sort.)

FALCONEY. — Gomment ce goût-là vous est-il venu ?

DORINE. — Tout seul.

Dorine se lève, dans le costume qu'elle garde pendant les quatre premiers actes du *Mariage de Figaro* : robe de satin blanc, bouquet de fleurs d'oranger à la ceinture, et, sur la tête, la résille espagnole formant voile dont les extrémités reviennent se croiser sur la poitrine.

FALCONEY. — Vous êtes adorable, Suzanne.

DORINE. — C'est l'avis du Figaro. Dites-moi cela en

vers. Vous avez bien le temps de faire un sonnet, d'ici au cinquième acte.

FALCONEY. — Costume rose ?

DORINE. — Oui, la robe de la comtesse en moire antique rose garnie de dentelles noires, avec la mantille (1).

FALCONEY. — Je vais à l'orchestre. Si je suis un peu en train, vous aurez le sonnet pour la fin de la pièce.

(Ils sortent.)

V

(Il est minuit. Dorine a repris son costume de ville.)

ERNESTINE. — Voici un billet de la part de M. Falconey.

(1) SUZANNE : Jeune personne adroite, spirituelle et rieuse, mais non de cette gaieté presque effrontée de nos soubrettes corruptrices. Son joli caractère est dessiné dans la préface.

Son vêtement des quatre premiers actes est un juste-blanc à basquines, très-élégant; la jupe de même, appelée depuis par nos marchandes « à la Suzanne. » Dans la fête du quatrième acte, le comte lui pose sur la tête une toque à long voile, à hautes plumes et à rubans blancs; elle porte, au cinquième acte, la lévite de sa maîtresse, et nul ornement sur la tête.

(BEAUMARCHAIS. — Caractères et habillements de la pièce.)

DORINE lit :

A DORINE

Je n'aime plus la Fornarine,
L'Italienne au baiser mortel
Qui vit, pâmé sur sa poitrine,
Expirer son beau Raphaël.

C'est toi qu'il faut aimer, Dorine ;
Je te suivrais jusqu'à l'autel,
En voyant frémir ta narine
Au souffle du maître immortel.

Belle servante de Molière,
J'ai besoin d'une chambrière ;
Veux-tu gouverner ma maison ?

J'aime ta robuste nature ;
Si je te plais, par aventure,
Donne un baiser pour ma chanson.

(Falconey entre avec Camille.)

FALCONEY. — Venez-vous souper ?
DORINE. — Écoutez.

(Il s'approche. — Elle l'embrasse.)

. . . .

UN DINER

AU PAVILLON HENRI IV

AU PAVILLON HENRI IV

« Ma chère Anizette,

» *Anatole va demain, jeudi, voir un ami en garnison à*
» *Saint-Germain. Veux-tu venir dîner avec nous au Pa-*
» *villon Henri IV ? Nous partirons par le train de deux*
» *heures. J'emmène Hirondella qui aime tant les grands*
» *voyages. Anatole a invité deux amis : l'un en droit, l'au-*
» *tre en médecine. Je mettrai le costume que j'ai fait faire*
» *pour aller à Trouville.*

» *J'embrasse tes beaux yeux.*

» La Colombe noircie. »

« Chère belle Colombe,

» *De tout mon cœur. Nous nous verrons ce soir au Châ-*
» *teau-des-Fleurs. Soyons à tout éteindre, et n'ayons*
» *pas l'air de nous amuser. La marquise a un panier à*
» *salade qu'elle conduit elle-même. A ce soir.*

» Anizette. »

Le soir, Anatole invita encore son excellent ami Aristide, jeune poëte, et Jules D..., rédacteur influent de la *Lanterne indépendante*. La marquise s'invita elle-même.

Tout ainsi réglé, le lendemain, jour anniversaire de la naissance d'Anatole, le train qui part à 2 heures 5 minutes de Paris pour Saint-Germain emportait, dans une de ses caisses, la joyeuse caravane. A Saint-Germain, la troupe parisienne se grossit d'Hector V..., officier d'artillerie, retour de Solferino, et de son ami particulier *Poluphlosboïo Thalassès*, connu sous la désignation vague de *philosophe éclectique*. Bientôt les cigares, cet élément civilisateur, s'échangent et s'allument fraternellement, et la bonne humeur aidant, le madère fera le reste.

Il est trois heures. Après une courte promenade en forêt, les biches, avec cet instinct de la nature qui les pousse à préférer les tapis aux sentiers où il y a beaucoup de petites pierres, expriment le désir de revenir au Pavillon.

Ce désir est écouté. Anatole et Hector combinent un menu plein d'imprévu et d'originalité, pendant que *Boïo* — diminutif gracieux — rassemble toutes ses facultés éclectiques dans une conférence mystérieuse avec le sommelier.

— Messieurs, dit Hector, il est regrettable que vous soyez arrivés si tard; la musique des guides va jouer son dernier morceau.

Le jeudi, dans l'après-midi, la terrasse de Saint-Germain ressemble à une plage de bains de mer. La musique, rangée en cercle sur une estrade circulaire, jette ses fanfares aux échos de la forêt prochaine. Des officiers se promènent en fumant leurs cigares. Groupées sous les arbres, dans un désordre pittoresque, des femmes élégantes suivent leurs évolutions d'un regard distrait. Des biches parisiennes errent de côté et d'autre avec nonchalance, en costumes excentriques, les cheveux emprisonnés dans un filet d'or, la cigarette aux lèvres, laissant traîner leurs jupes chatoyantes, avec la grâce harmonieuse des femmes athéniennes. Cette foule bigarrée se mêle et s'entre-croise dans un étrange fouillis de couleurs. Çà et là, quelques bourgeois craintifs et hargneux se tiennent sournoisement à l'écart, comme des pingouins veillant sur leur famille.

« Messieurs, le dîner est servi. »

A ces mots magiques qui répondent à une secrète pensée, les convives quittent les fenêtres et prennent place autour de la table. Tout est en ordre. Les carafes forment le carré, et les verres sont alignés par rang de taille. Les serviettes en triangle se posent méthodiquement sur les genoux. Le potage disparaît. Le tambour-major, l'ut dièse de la gamme des verres, a déjà perdu sa virginité. Les bateaux d'olives, de radis roses, etc... circulent. On vide les flacons de piments anglais. Les vagues et rares paroles qui s'échangent au premier service, de voisin à voisine, deviennent plus hautes. Le diapason des voix permet bientôt aux questions de traverser la table et de rapporter les réponses. Un charmant laisser-aller, si facile et si commode entre les gens bien élevés, commence à régner, et les biches, dont la douce et pure influence se répand autour d'elles, entraînées par le mouvement de la sympathie générale, se laissent innocemment glisser sur la pente d'un tutoiement familier.

. . . .

LE PHILOSOPHE, à sa voisine. — Cette coiffure te sied à ravir, madame.

HIRONDELLA. — Ce n'est plus la mode, mais j'aime les repentirs.

JULES. — C'était la coiffure de *Madeleine au désert*. Elle ouvre le cœur à toutes les émotions calmes, à toutes les sereines mélancolies.

LA MARQUISE. — Ah! voilà les entremets. Garçon, vous nous servirez le dessert sur les branches, n'est-ce pas?... Tiens! où est donc le garçon? Ces animaux-là disparaissent comme s'il y avait des trappes.

JULES. — C'est que la mode de servir des arbres fruitiers au dessert n'a peut-être pas encore envahi cet asile champêtre.

L'AVOCAT. — Consolez-vous, chère âme, je vous donnerai à manger dans ma main.

LA MARQUISE. — Allez donc au Jardin de Plantes.

ANIZETTE. — *A Chaillot*, les artistes !

LA MARQUISE. — Moi, je n'aime pas les artistes... Ils vexent toujours les femmes.

ANIZETTE. — Moi, j'ai l'habitude de fumer entre les plats. Est-ce que la fumée t'incommode, cher monsieur ?

LE PHILOSOPHE ÉCLECTIQUE.— Une femme ne s'est jamais permis de fumer devant moi.

HECTOR. — Boïo, comme tu bois, doux ami?

LE PHILOSOPHE. — Cher Hector, ignores-tu mes douleurs aussi nombreuses qu'imméritées? Laisse-moi boire, ami. La terre boit la pluie, le fleuve boit la rivière, la mer boit le fleuve, et le soleil boit la mer. Pourquoi donc, ô ami, veux-tu m'empêcher de boire ?

LE MÉDECIN. — Et de réciter des vers d'Anacréon.

LA MARQUISE. — Bois, va, gros loulou.

LE PHILOSOPHE. — Oui, je traite mes chagrins comme des chiens, je les noie.

HECTOR. — C'est que, Boïo, dans un avenir peu éloigné, tu vas devenir mélancolique.

LE PHILOSOPHE. — Évidemment. Il est absurde de croire que le vin donne l'oubli des souvenirs. D'abord il a commencé par trahir son Christophe Colomb.

ANIZETTE. —. Noë.

L'AVOCAT. — Vous le connaissez ?

JULES. — Elle était dans l'arche.

LE MÉDECIN. — La société était un peu mêlée.

LE PHILOSOPHE. — La dernière idée qui surnage dans l'ivresse, au milieu du désastre de nos facultés spéculatives, est précisément le petit chien qui ne veut pas se noyer.

ARISTIDE. — Boïo, tu ressembles à Hamlet.

LE PHILOSOPHE. — C'était un garçon prodigieusement instruit, et tout à fait éclectique.

> « Nos maîtres, les anciens, qui buvaient sans vergogne
> » Les flots noirs du Léthé, n'avaient pas le Bourgogne. »

LA MARQUISE. — Qu'est-ce que c'est que ça ?

ANATOLE. — Des vers.

LA MARQUISE. — Ça m'agace, moi, les vers.

LE PHILOSOPHE. — C'est leur excuse.

LA COLOMBE NOIRCIE. — Il a le vin mauvais, votre ami.

LE PHILOSOPHE. — Vraiment, tu as tort, madame, de mépriser les vers ; voilà M. Aristide qui en vend.

ANIZETTE. — Combien, monsieur ?

ARISTIDE. — Un baiser — quatorze à la douzaine — pour faire le compte du sonnet.

ANIZETTE. — Je veux bien. (Aristide l'embrasse au front.) C'est égal, moi, je trouve les vers bêtes.

HIRONDELLA, donnant un soufflet à Aristide. — Voilà pour toi, ne me rends pas de monnaie.

LA MARQUISE. — C'est très-bien, ça... Dites donc, à propos, qu'est-ce que c'est que cette bête qui se promène dans le jardin du Pavillon Henri IV?

JULES. — C'est un vautour oublié ici par Alexandre Dumas.

LA MARQUISE. — J'ai envie d'en acheter un. Qu'est-ce que ça mange, ces animaux-là?

JULES. — Ça mange le foie.

LA MARQUISE. — Comme les chats?

JULES. — Oui, Minette.

ANIZETTE. — Moi, rue de Navarin, j'avais un singe.

JULES. — Et qui avez-vous maintenant?

ANIZETTE. — Vous.

LA COLOMBE NOIRCIE. — Moi, j'ai un chien de la Havane.

LA MARQUISE. — C'est très-propre, ces chiens-là, pour mettre dans un salon.

LE MÉDECIN. — On dit qu'ils sont discrets.

LA MARQUISE. — Êtes-vous bête, mon Dieu! Ça ne veut rien dire.

JULES. — Vous êtes charmante à manger du foin.

LA COLOMBE NOIRCIE. — Part à deux.

(Léger tumulte.)

ARISTIDE. — .... Elevons dans les airs nos coupes de champagne.

LE PHILOSOPHE, à sa voisine. — Ne me demandais-tu pas tout à l'heure, madame, où nous allons en sortant du banquet de la vie ?

LA COLOMBE NOIRCIE, froidement. — Non, monsieur.

JULES. — Pas assez de couverts et peu d'argenterie.

HECTOR. — Trop de biscuit et de pain de munition.

LE MÉDECIN. — Vous avez fait campagne, lieutenant ?

HECTOR. — La campagne d'Italie.

ANIZETTE. — Comme vous seriez aimable de nous la raconter.

HECTOR. — C'est facile ; j'ai traverse Gênes pendant la nuit ; j'ai aperçu vaguement le dôme de marbre de la cathédrale de Milan en passant à la Porte-Romaine, et j'ai campé sous les murs de Brescia. J'ai vu deux cents villages aussi sales les uns que les autres, quatre batailles et beaucoup d'Autrichiens. J'ai passé le Pô sur le pont de fil de fer de Casale, et je me suis baigné dans le Mincio. J'ai mangé quelquefois du pain moisi, bu de l'eau chaude et couché sur la terre. Le soleil m'a changé en chocolat, j'ai avalé de la poussière et j'ai fait de la fumée. Voilà le bilan de mes impressions de campagne.

ANIZETTE. — Comme c'est curieux, une campagne ; j'aurais bien voulu voir tout ça... et toi, marquise?

LA MARQUISE. — Moi aussi. Dites donc, sont-elles jolies, les Italiennes ?

HECTOR. — Je n'en ai jamais vu.

LA MARQUISE. — Quelle modestie !

L'AVOCAT. — Cependant vous avez un argument victorieux, à l'étranger, auprès des femmes : « Madame, je pars demain et je ne reviendrai jamais. »

LA MARQUISE. — C'est égal, c'est bien amusant de voir la mort tous les jours face à face...

HECTOR. — Oui, madame, jamais de profil.

LE PHILOSOPHE. — Il est réellement bizarre qu'après un repas, l'esprit se tourne volontiers aux idées sérieuses : n'est-il pas vrai, « séduisante marquise ? »

LA MARQUISE. — Tiens, vous imitez Bressant ; mouchez-vous donc.

ANIZETTE. — Comme tu as le champagne triste, mon bonhomme.

LE PHILOSOPHE. — Oui, quand le temps est humide... Je pense au souper d'Auteuil...

JULES. — Où « *Racine — Boileau — de La Fontaine — Molière.* »

ARISTIDE. — Mon cher, gardez donc ces choses-là pour votre journal, on vous en prie. Nous avons le droit d'être un peu plus difficiles que les abonnés.

LA MARQUISE. — Les abonnés sont comme les amants sérieux : on les trompe parce qu'ils payent.

ANATOLE. — Merci, merci.

LA MARQUISE. — Il n'y a pas de quoi, gros chien-chien.

ANATOLE. — Attaquons les pyramides du dessert qui nous contemplent du haut de ces compotiers.

. . . .

Le dîner est achevé. Le café fume dans les tasses, et la vapeur bleue des cigares imite un effet de brouillard autour des lustres. Tous les convives ont adopté des attitudes américaines. — Une des biches est au piano. — Ces dames, les ceintures flottantes, sont vêtues à la mode carthaginoise. Elles fument des cigarettes. — La fenêtre est ouverte. La blonde Phœbé, cette bonne fille qui s'en laisse conter par le premier poëte venu, éclaire cette scène de sa lueur tranquille. — Portes latérales, à droite et à gauche, fermées au verrou. Au fond, le théâtre représente l'immense panorama de la terrasse, aux lignes onduleuses. Au pied des coteaux qu'elle vient lécher, la Seine donne l'exemple en dénouant sa ceinture argentée. — Sur la rive la plus rapprochée, un joli petit cimetière invite à rêver. — Cor dans les bois.

LE PHILOSOPHE. — Tiens, madame, va de fleurs parer ta tête, c'est ton hymen qui s'apprête.

ARISTIDE.

> « Et la fleur à jamais fanée
> » N'a plus ni parfums ni beauté,
> » Comme la vierge profanée
> » Qui donne sa virginité. »

LE MÉDECIN. — Pas de personnalités. Il y a des dames.

LA MARQUISE. — Savez-vous que vous n'êtes pas poli?

LE PHILOSOPHE. — Calme-toi, ô fille de Lesbos, perle des deux mers, calme cette fureur guerrière.

LA MARQUISE. — Allez-vous me laisser tranquille, toi?

LE PHILOSOPHE. — Ecoute, la vie est pleine de choses très-absurdes; si tu veux, madame et noble amie, venir à Nanterre avec moi, nous moissonnerons des couronnes.

ANIZETTE. — Monsieur Hector, votre ami Boïo a une chauve-souris dans le clocher. C'est égal, tu es drôle, instruis-moi.

LA COLOMBE NOIRCIE. — Vous verrez tout à l'heure comme il sera sérieux.

LE PHILOSOPHE. — Dans la plus profonde ivresse je démontrerais, en suivant un cabriolet à cloche-pied, que les trois angles d'un triangle valent deux droits. Et toi, Hector?

HECTOR, dérangé. — Oui, cher ami.

HIRONDELLA, au poëte. — Comme tu es gentil. Pourquoi laisses-tu pousser tes cheveux?

ARISTIDE. — Et toi, comme tu as la peau fine et blonde aux reflets des lumières, le front large et bombé comme celui des enfants, les yeux bleus, profonds et limpides. J'aime tes épaules de marbre vivant, tes bras d'argent, tes rondeurs de statue et la courbe serpentine de leurs ondulations harmonieuses. J'aime ton haleine embaumée, ton idéal sourire, ta chevelure opulente qui ne t'appartient pas, ton oreille délicate et ton menton un peu gras. J'aime aussi tes narines roses, fines comme du papier de soie, qui palpitent comme des ailes, ton pied mutin, ta taille cambrée et ta main d'ivoire, aux doigts effilés comme une figurine de porcelaine. Veux-tu que je t'aime, que je te le dise en vers magiques, dis, le veux-tu?

HIRONDELLA. — Si tu te moques de moi, Aristide, je change de place. Donne-moi du feu.

JULES. — Cette enfant est pourrie de charmes.

ARISTIDE. — Elle m'apparaît dans les radieuses splendeurs de son apothéose! Elle m'inspire.

LA COLOMBE NOIRCIE. — Si vous voulez de la musique, jeune poëte, il y a un piano, « savez-vous? »

ARISTIDE. — Vous êtes Belge, mademoiselle?

LA COLOMBE NOIRCIE. — C'est possible, mais je ne suis pas contrefaite.

L'AVOCAT. — En pareille matière, la preuve est admise. Nous sommes l'Aréopage; vous avez la parole.

LA COLOMBE NOIRCIE. — Je passe la main.

ANIZETTE. — Je la prends.

(Mlle Anizette s'apprête à plaider à la manière antique, et devient le foyer où convergent tous les rayons visuels des convives.)

LE PHILOSOPHE. — Il arrive toujours certains moments où l'homme se replie sur lui-même pour s'interroger. Tout individu qui ne se pose pas le problème de la vie future, au moins une fois l'an, n'est qu'une bête brute.

LA COLOMBE NOIRCIE. — Ma chère Anizette, tu as tort de te compromettre ainsi.

ANIZETTE. — Fais-en autant.

LA COLOMBE NOIRCIE. — Je ne suis pas dans un musée de figures de cire.

LE MÉDECIN. — Il y a deux principes fondamentaux pour l'éducation des jeunes filles : « s'habiller et se déshabiller avec grâce. »

ANIZETTE. — Tu as cependant été modèle.

JULES. — De toutes les vertus.

L'AVOCAT. — A l'amende de cinq francs pour tous les mots qui auront subi le baptême d'une publicité par trop universelle.

JULES. — A ce jeu-là, nous aurons peut-être un moment de silence.

12

ANIZETTE. — Oui, mais la Colombe Noircie est chaste, et elle n'a jamais posé que pour les mains.

L'AVOCAT. — Mesdames, vous êtes charmantes, la cause est entendue.

LE MÉDECIN. — La colère trouble énormément la digestion. Si Aristide nous disait quelques vers?

JULES. — Messieurs, il a été formellement convenu...

ARISTIDE. — A toi, Hirondella, un quatrain qui a couru les journaux :

> Madame, je ne suis ni dévot, ni jésuite,
> Je n'aime que le vin, j'en bois comme un routier ;
> Mais si vos doigts avaient trempé dans l'eau bénite,
> Je m'en irais d'un trait vider le bénitier.

C'est un mot de Boileau sur un athée.

LE PHILOSOPHE. — Tout le monde était athée aux dix-huitième siècle, c'était le bon temps. On croyait à la philosophie.

LA MARQUISE. — Des nèfles ! ! !

LE PHILOSOPHE. — Comment?

LA MARQUISE. — Des nèfles ! ! !

LE MÉDECIN. — *Poluphlosboïothalassès*, tu t'es nourri de quarante systèmes philosophiques, et tu crèveras dans l'indigestion finale.

LE PHILOSOPHE. — Je l'espère bien.

HECTOR. — Tu es effroyablement ivre, Boïo.

LE MÉDECIN. — Voltaire l'a dit : Lorsque celui qui parle ne se comprend plus guère et que ceux qui l'écoutent ne le comprennent plus du tout, là commence la métaphysique.

LE PHILOSOPHE. — Toi, jeune carabin, je n'ai pas la prétention de t'apprendre que la médecine est une mauvaise plaisanterie faite à la nature.

L'AVOCAT. — Que dit-on du dernier congrès ?

JULES. — Les *plénipo* ont sculpté des couteaux de bois et ont aligné des régiments de cocottes.

LA MARQUISE. — Vous dites qu'il y avait des cocottes ?

LE MÉDECIN. — En papier, chère enfant.

JULES. — Elle est charmante, cette Hétaïre.

LA MARQUISE. — Hétaïre vous-même, dites donc.

JULES, l'enlaçant. — Oui, n'est-ce pas que la femme est un petit animal folâtre, chimérique et voluptueux ?

LA MARQUISE. — Mais finissez donc, ça me chiffonne.

JULES. — Jamais.

ARISTIDE. — Je vais vous dire une chanson à boire imitée de Catulle, poëte qui vivait au temps de César, le criblait d'épigrammes et dînait avec lui.

L'AVOCAT. — Il est spécialement convenu qu'on ne chantera pas. J'en appelle à ces messieurs.

LE MÉDECIN. — Votons au scrutin secret.

TOUS. — Votons.

(Une pause.)

ANATOLE. — Voici les bulletins :

« Je propose une promenade en bateau. »

« L'homme n'est qu'un roseau, le plus faible de la nature ; mais c'est un roseau flexible. »

« Aristide, poëte, chante, ô ami. »

« Les jambes ont été données à l'homme pour se faire amputer. »

« Moi, ça m'agace. »

« Mangeons le vautour qui se promène dans le jardin. »

« Atout pie-grièchinez-moi tant que vous pourrez au mur d'enceinte Brigitte à la noie de Coco Romieu vaut tard que jamais en France l'Anglais ne régnera vin de l'Ermitage fleuve d'Espagnolette vous de mon avis ? »

Il y a des abstentions

JULES. — Rejeté à l'unanimité, moins une voix.

LA COLOMBE NOIRCIE. — C'est la sienne.

HIRONDELLA. — Non, c'est la mienne.

LE PHILOSOPHE, hurlant. — Je soutiens que l'homme n'est qu'un ROSEAU !

ANIZETTE, souriant. — Comme tu es dans le vrai.

LE PHILOSOPHE, vociférant. — Pascal est mort vierge et mathématicien. C'est lui qui l'a dit. O Blaise sublime

LA MARQUISE. — Blaise qui ?

LE PHILOSOPHE. — Blaise Pascal.

LA MARQUISE. — Pascal qui?

LE PHILOSOPHE. — Je me couvre de cendres...

ARISTIDE. — Qui est-ce qui veut jouer *Horace et Lydie* avec moi?

(On entend le bruit d'un ressort du canapé qui se casse.)

L'AVOCAT. — Ne faites pas attention. C'est Anatole.

ANATOLE. — C'est la marquise.

JULES. — Elle est énorme.

LE MÉDECIN. — Ce canapé-là n'avait pas un *mouvement Bréguet*, voilà mon opinion.

ANIZETTE, au philosophe. — L'ébouriffé, jette-moi une pomme.

LE PHILOSOPHE. — Tiens, et appelle-moi ton berger.

ANIZETTE. — De la neige!

JULES. — Cette petite toquée blonde unit la bêtise à la voracité.

LE PHILOSOPHE. — Je fais une proposition vaste pour que le tumulte soit à son comble.

ANATOLE. — Quelqu'un frappe à la porte.

LE PHILOSOPHE. — Qu'il soit notre ami. Aristide, sois mon ami. Aigle du barreau, sois mon ami. Hippocrate, je t'aime.

HECTOR. — Boïo, tais-toi, et ouvre la porte.

LE PHILOSOPHE. — Hector, je t'obéis; mais j'ai l'intention de te témoigner plus tard mon mécontentement en te traînant par les cheveux autour du Pavillon Henri IV.

LE PATRON DU PAVILLON HENRI IV. — Messieurs, il est onze heures et demie. Le dernier train part à minuit.

(Il sort.)

TOUS EN CHOEUR.

« Vi-venriquatre !
Vive ce roi charmant,
Ce diablaquatre !
Eut le triple talent !... »

LE PHILOSOPHE. — Enfin, le chien est noyé. Arthémise, viens dans mes bras lui élever un mausolée.

L'AVOCAT. — Messieurs, à l'exception du philosophe éclectique *quant aux vins*, personne n'est gris. Une fois à Paris, où irons-nous ?

LA MARQUISE. — Chez Verdier !

JULES. — Parlé d'or.

ARISTIDE, à la fenêtre. — Hirondella, regarde donc là-bas, le joli petit cimetière, avec ses cyprès taillés en pains de sucre et ses petites tombes blanches, comme il est élégant.

(Préparatifs de départ.)

LE PHILOSOPHE. — Le souper d'Auteuil ! Qui est-ce qui vient se jeter à l'eau ?

L'AVOCAT. — Jules, un cigare ?

ANATOLE, au garçon à part. — Gardez la monnaie.

ANIZETTE. — Mon mantelet est-il droit?

HECTOR.

> « L'amour, ce dieu profane,
> » Inventa la Di-a-ne. »

LE PHILOSOPHE. — Sophie, je ne puis être à vous. Des parents barbares me refusent une chaumière. Je suis heureux comme une trompette.

JULES. — Adieu, Pavillon! tu as couvert aujourd'hui de nobles marchandises!

LE MÉDECIN, à Jules. — Voilà ce que nous appellerons un jour nos joyeuses folies de jeunesse.

ARISTIDE.

> « Et de tant de baisers pris et rendus dans l'ombre,
> » Pour narguer les jaloux, brouillons si bien le nombre,
> » Que nous ne puissions plus les compter au réveil. »

HIRONDELLA. — Comme tu es gentil! Tu m'en feras pour moi toute seule, des vers?

ARISTIDE. — Oui, Lesbie, tu me donneras ton pierrot.

HIRONDELLA. — Tu es toqué, mais c'est égal, je t'aime tout de même.

VOIX DU PHILOSOPHE, dans le lointain. — . . . .

. . . . UN ROSEAU!!!

LA PLUIE

COMÉDIE-PROVERBE EN UN ACTE

Lue à la Comédie-Française le 3 février 1864 sous le titre de :
la Flèche du Parthe.

PERSONNAGES

LA BARONNE.
LE COMTE.
ORÉMUS, magister.
FINOT, juge d'instruction.
LISE, femme de chambre.

(La scène se passe de nos jours, dans un village de
Franche-Comté.)

LA PLUIE

COMÉDIE-PROVERBE EN UN ACTE

Une serre d'été.

SCÈNE PREMIÈRE

LISE, seule, une lettre à la main, puis le COMTE.

LISE. — « A madame, madame la baronne d'Ambrières, à Chennevières, par Poligny, Jura... » Ah! mon Dieu, j'oublie encore mes bouquets.

(Elle prend deux bouquets sur un meuble et les met dans une jardinière.)

Ce n'est pas qu'on y tienne, aux bouquets de monsieur Orémus, qui donne des leçons de botanique à madame; mais il faut dire que s'il est noir et laid comme un corbeau, il a de belles fleurs dans son jardin. Voilà qui est fait.

LE COMTE, sur le perron, à la cantonade. — Tu as bien arrangé ma jument. Tu la laisses hier une heure à la pluie après une course d'une demi-journée. Voilà une bête malade. Mets-la à l'écurie, donne-lui de l'avoine et ne · mange pas son déjeuner. (Entrant.) Cette brute me répond que tout paysan qu'il est, il ne mange pas le pain des autres. Voilà la suite des principes de 89... (A Lise.) Ah! te voilà. Ta maîtresse est-elle levée?

LISE. — Il y a longtemps. Monsieur le comte sait que madame adore courir dans l'herbe à la rosee. Ce matin elle est montée à cheval au petit jour, et elle est allée jusqu'à la ferme manger des fraises, du pain noir et du lait. Elle est rentrée, il y a une heure, et elle a demandé si monsieur le comte était déjà venu... Monsieur le comte a un costume de voyage? Est-ce que monsieur le comte veut encore nous quitter?

LE COMTE. — Oui.

LISE. — Je regretterai beaucoup monsieur.

LE COMTE. — Je n'en doute pas.

LISE. — Madame aussi.

LE COMTE. — Qu'en sais-tu?

LISE. — Oh! j'en suis bien sûre.

LE COMTE. — Si tu en es sûre, voilà pour toi.

LISE. — Un louis d'or!... Tout neuf!... Et monsieur s'en va... J'ai le cœur tout gros.

LE COMTE. — Eh bien, livre-toi à la douceur des larmes.

LISE. Elle prend la lettre et sort en fredonnant :

> « Quand ils sont vieux
> » Les loups, bergère,
> » Ne mordent guère, »

SCÈNE II

LE COMTE, LA BARONNE.

LE COMTE seul, dépliant un journal. — Je crois apercevoir une paysanne dans le lointain. C'est une chose merveilleuse de voir comme les gardeuses de vaches et de moutons font bien au milieu d'un paysage rustique. A distance et quand on est myope, elles ont leur poésie... Et puis, les paysannes qui sont fraîches ne sont-elles pas des femmes à cent vingt lieues de Paris?

(La baronne paraît.)

LA BARONNE. — Oui, n'est-ce pas, comte? Paris? Vous avez la nostalgie du ruisseau de la rue Saint-Dominique et des coulisses de l'Opéra?

LE COMTE. — Vraiment, non, madame et chère voisine. Je viens, selon l'usage solennel, vous faire ma visite journalière, et, d'après nos conventions, je ne m'informe pas de votre sante.

13

LA BARONNE. — Vous avez raison ; ma santé me désespère ; elle devient par trop florissante. L'air de la campagne ne me vaut rien du tout, et si cela continue, dans un mois, j'aurai le teint basané, les poignets gras et les mains rouges.

LE COMTE. — Vous danserez un peu plus cet hiver. On dit que les femmes opulentes valsent plus légèrement que les femmes maigres.

LA BARONNE. — Ne me consolez pas, allez.

LE COMTE. — Bon, voilà la pluie qui recommence à tomber.

LA BARONNE, assise devant un chevalet. — Heureusement la peinture est une distraction... Comment trouvez-vous ce lis ?

LE COMTE. — Mais... ravissant.

LA BARONNE. — Faites-moi l'aumône d'une critique, voulez-vous ?

LE COMTE. — Heu ! heu ! Ce lis a l'air d'un joli cornet de papier.

LA BARONNE. — Vous êtes charmant. Mon Dieu ! est-ce la pluie qui fait ce bruit-là ?

LE COMTE. — Oui, madame.

LA BARONNE. — Avez-vous remarqué, comte, qu'il ne pleut pas une seule fois dans ce pays sans qu'on rencontre un stupide paysan qui trouve le moyen de vous parler des biens de la terre ?

LE COMTE, distrait. — Oui, madame.

LA BARONNE. — Les biens de la terre se porteraient-ils plus mal, si la pluie voulait bien se donner la peine de tomber la nuit?...

LE COMTE. — Non, madame.

LA BARONNE. — Vous avez apporté le journal?

LE COMTE. — Oui, madame.

LA BARONNE. — Vous seriez bien aimable de me faire la lecture.

LE COMTE. — Mon journal est très-gai, madame; il est rempli d'assassinats monstrueux, et les premiers rôles de la cour d'assises sont fort remarquables. Cependant, j'ai le regret de constater que deux départements entiers sont vierges de crimes sérieux. Il n'y a pas eu de premier prix, et les jurés n'ont pu décerner que des accessits de persévérance. Au train des choses, il sera peut-être trop tard quand on proclamera l'abolition de la peine de mort.

LA BARONNE. — Vous appelez cela des nouvelles gaies?

LE COMTE. — Oui, madame; tout dépend du point de vue de l'observateur. Depuis l'effroyable malheur qui a empoisonné ma vie, j'ai pris le parti de regarder les choses à l'envers. Ainsi, un incendie me réjouit l'âme, les sinistres terrestres et maritimes me comblent de joie, et les plus épouvantables catastrophes me semblent d'une gaîté folle et extravagante.

LA BARONNE. — Vous êtes un Néron.

LE COMTE. — C'était un tyran plein d'idees neuves et tout à fait originales, je vous l'assure. L'homme qui faisait des illuminations de chrétiens enduits de resine, qui trouvait une saillie piquante devant le cadavre de sa mère assassinée n'était pas un être vulgaire, et, comme il le disait lui-même, c'était un grand artiste.

LA BARONNE. — Joli modèle.

LE COMTE. — Eh! madame, voulez-vous que je m'intéresse à un tas de gens que je ne connais pas. A l'heure où je vous parle, il y a des peuples qui s'égorgent, des jeunes personnes qui se suicident, des vieilles femmes écrasées par des voitures, des couvreurs qui se cassent les reins sur les pavés, des puisatiers engloutis. Voulez-vous pas qu'un homme honnête et de mœurs douces, comme les miennes, meure drapé dans un numéro de la *Patrie* du soir?

LA BARONNE. — Mais c'est horrible!

LE COMTE. — Non, madame ; vous le dites, mais au fond, cela vous est parfaitement indifférent.

LA BARONNE. — Pas du tout, vous vous trompez, monsieur, j'en suis fort touchée.

LE COMTE. — Vous cherchez quelque chose, madame?

LA BARONNE. — Mon Dieu, je ne vois plus mon pinceau... le tout petit...

LE COMTE. — Voici votre pinceau, madame. Il était sous le journal qui raconte ces déplorables histoires. En revanche, mon système me condamne à trouver lugubres

tous les événements heureux pour l'humanité. Si la ré-
colte est belle, si les céréales sont abondantes, si la
vigne n'est pas malade, si beaucoup d'objets perdus sont
déposés à la préfecture de police, cela m'attriste très-pro-
fondément. Par exemple, cette semaine, j'ai joué de malheur. On a distribué à l'Académie les prix de vertu. Croiriez-vous, madame, qu'il s'est commis en France 106
bonnes actions cette année ?

LA BARONNE. — Les belles actions se cachent, et toutes
ne sont pas couronnées.

LE COMTE. — Il y a bien aussi quelques mauvaises actions qui n'ont pas toujours leur récompense, comme il
arrive quelquefois à un homme qui se jette à l'eau pour
sauver son semblable d'attraper une bonne fluxion de
poitrine.

LA BARONNE. — Eh bien, qu'est-ce que cela prouve ?

LE COMTE. — Absolument rien; sinon qu'il faut
360,000 personnes pour un lauréat; mais à propos de la
Morale en action, j'ai eu la consolation d'apprendre que
la municipalité de Nanterre se demande comment il faudrait employer les fonds destinés à la rosière annuelle,
si ce produit venait à manquer?

LA BARONNE. — Vous appelez les rosières un produit?

LE COMTE. — Oui, madame, comme les gâteaux: c'est
une spécialité.

LA BARONNE. — Pourquoi voulez-vous que les jeunes

filles de Nanterre soient d'une pâte différente des autres ?

LE COMTE. — Parce qu'au moment où la statistique impitoyable témoigne des vices de ce siècle, Nanterre m'apparaissait comme le boulevard de l'innocence, le dernier rempart de la pudeur. Elle me semblait, au milieu de la corruption générale, une de ces terres bénies et favorisées par les dieux où la vertu est appelée à se développer, et, comme les sables de la mer, je la croyais mêlée de coquillages.

LA BARONNE. — Votre scepticisme ne respecte donc plus rien ?

LE COMTE. — Rien.

LA BARONNE. — Eh bien, monsieur, vous êtes un homme dépravé.

LE COMTE. — C'est possible, madame. Chacun de nous porte sur le nez une paire de lunettes dont les verres sont de couleurs différentes. Les miennes sont noires et elles joignent à cet avantage celui de renverser les objets. En ce moment, je savoure les *Mémoires de sept générations d'exécuteurs*. Cette lecture est pour moi pleine de charmes. Un air pur, un souffle matinal circule dans ce livre qu'on croirait écrit par une femme, et qui traverse, en se jouant, les plus ravissants épisodes de la Terreur.

LA BARONNE. — Voilà toute la gaîté que vous avez sur vous, comte ?

LE COMTE. — Ah! et les accidents de chemins de fer! Quatre cette semaine.

LA BARONNE. — Vraiment? Mais jamais je n'oserai retourner à Paris ?

LE COMTE. — Au contraire, madame, c'est le meilleur moment, et la raison en est d'une logique écrasante : règle générale, quand il arrive coup sur coup quatre accidents de chemin de fer, les ordres les plus sévères sont donnés, les règlements négligés sont remis en vigueur, tout va sur des roulettes, il n'y a plus de danger.

LA BARONNE. — En effet... mais à propos, comte, ne m'a-t-on pas appris tout à l'heure que vous alliez partir ?

LE COMTE. — Hélas, oui, madame : c'est un projet dont j'ai le plaisir de vous entretenir depuis un mois.

LA BARONNE. — Et comme je vous vois rester tous les jours, je me suis habituée.

LE COMTE. — C'est vrai ; mais cette fois ma résolution est prise, et mon départ est irrévocable.

LA BARONNE. — Vous resterez bien encore un peu — à la demande générale ?

LE COMTE. — Non, madame, et comme je me défie, même de mes résolutions, j'ai brûlé mes vaisseaux.

LA BARONNE. — Quels vaisseaux ?

LE COMTE. — J'ai expédié mes bagages à Paris.

LA BARONNE. — C'est la troisième fois, si je ne me trompe... Vous en serez quitte pour les faire revenir.

LE COMTE. — Je suis décidé à partir.

LA BARONNE. — Vous êtes sûr ?

LE COMTE. — Oui, madame.

LA BARONNE. — Mais quels sont vos motifs ?

LE COMTE. — J'en ai beaucoup.

LA BARONNE. — Vous n'aimez pas la campagne ?

LE COMTE. — J'adore la campagne, mais dans la disposition d'esprit où je me trouve, j'ai besoin de bruit, de mouvement, d'agitation, de tumulte. Vous n'avez pas lu *l'Homme des foules* d'Edgar Poë, madame?

LA BARONNE. — Non, monsieur.

LE COMTE. — C'est un chef-d'œuvre. Imaginez-vous, madame, un homme qui, le jour et la nuit, circule sans repos dans le mouvement des rues de Londres, poussé par un mystérieux ressort. J'ai besoin, comme lui, de ouler dans un torrent humain pour y noyer ma douleur.

LA BARONNE. — Voilà bien du temps que je cherche la clef de cette énigme. Je n'y suis pour rien, n'est-ce pas?

LE COMTE. — Non, madame, je vous l'affirme encore.

LA BARONNE. — Vous êtes un homme discret.

LE COMTE. — J'ai la prudence du serpent.

LA BARONNE. — Les serpents doivent au moins leurs secrets aux filles d'Ève.

LE COMTE. — Non, madame, je vous en supplie, ne m'interrogez pas. Je sens que je finirais par faire des révélations. Et puis, la campagne, l'odieuse campagne, me pèse comme un manteau de plomb sur les épaules.

LA BARONNE. — Comment arrangez-vous cela, mon dieu? Tout à l'heure, vous disiez avec transport que vous adoriez la campagne.

LE COMTE. — C'est vrai, je suis le plus malheureux des mortels.

LA BARONNE. — Vos paroles sont pleines d'exaltation. Vous extravaguez.

LE COMTE. — Je l'avoue, madame, est-ce que je vous effraye?

LA BARONNE. — Pas encore, mais nous n'en sommes pas loin. Tenez, à dire la vérité, je suis de votre avis. La campagne est un préjugé, et je commence à m'en lasser d'une façon toute particulière. La lecture m'ennuie, la musique m'ennuie, la promenade m'ennuie; les paysans m'ennuient, la solitude, la société, tout m'ennuie. Je me porte si bien que je voudrais être malade pour me distraire un peu. J'ai envie de m'en aller avec vos bagages. Quand vous êtes venu dans ce pays alpestre de la Franche-Comté, je passais ma vie à pêcher à la ligne.

Mes heures de joie étaient l'arrivée d'une lettre de Paris ou de mon journal de modes. Aujourd'hui, je me suis levée à trois heures du matin, et j'ai vu le même soleil se lever au sommet de la même montagne.

LE COMTE. — Cette affirmation est inutile pour que je croie à votre vertu, madame. Malgré Jean-Jacques, le lever de l'aurore m'a toujours semblé d'un médiocre intérêt.

LA BARONNE. — N'attaquez pas la vertu, je vous en prie ; c'est une qualité assez rare pour qu'elle soit respectée.

LE COMTE. — C'est ce que nous enseigne précisément la philosophie.

LA BARONNE. — Ah ! la philosophie enseigne ces belles choses-là ?

LE COMTE. — Oui, madame.

> » Il faut aimer ce qui nous rend heureux,
> » Donc, je ne puis aimer la vertu. »

LA BARONNE. — Voilà une philosophie qui me paraît à l'envers.

LE COMTE. — C'est la mienne, madame ; elle rentre d'ailleurs dans l'ordre général de mon système.

LA BARONNE. — Je ne vous en fais pas mon compli-
ment.

LE COMTE. — Si on n'avait pas cette philosophie-là à
son service, la vie serait insupportable.

LA BARONNE. — Ah ! oui, j'oubliais votre cruel désespoir. Au commencement, vous paraissiez le supporter
assez bien ; mais de jour en jour, vous devenez mélancolique.

LE COMTE. — Je constate avec regret que je suis un
être insociable, et c'est encore une des nombreuses raisons qui militent en faveur de mon départ.

LA BARONNE. — Eh bien, allez-vous-en.

LE COMTE. — Je prendrai le train-express de neuf heures
quinze minutes ce soir, et je serai demain matin à Paris
à sept heures et demie.

LA BARONNE. — Et que pourrez-vous bien faire à
Paris, à sept heures du matin ?

LE COMTE. — Je l'ignore, madame. Les destins traceront
ma route. Je regarderai ouvrir les boutiques.

LA BARONNE. — Voilà que vous redevenez lugubre.

LE COMTE. — Je ne demande pas mieux que de changer
de conversation. Si vous voulez bien m'apprendre comment on portera les manteaux cet hiver ?

LA BARONNE.— Sur les épaules, je suppose. Non content de ne pas être divertissant, voilà que vous frisez
l'impertinence, monsieur l'homme ténébreux.

LE COMTE. — On est comme on peut, madame. Jusqu'ici, je m'étais laissé dire que les femmes ne se plaisaient qu'aux conversations de chiffons et de petites choses.

LA BARONNE. — Et moi, monsieur, j'ai remarqué que les jeunes hommes étaient beaucoup trop sérieux pour leur âge. Il n'y a plus que les vieillards qui sachent être aimables et spirituels.

LE COMTE. — Ne doivent-ils pas se faire pardonner d'être des vieillards ?

LA BARONNE. — J'ai des goûts moins futiles que vous ne supposez. D'abord, je prends des leçons de botanique.

LE COMTE. — Avec monsieur Orémus, le magister du village. Dans quelle famille classez-vous cette variété de sacristain ?

LA BARONNE. — Où vous voudrez. N'y a-t-il plus rien dans votre journal ?

LE COMTE. — Pardonnez-moi, madame... *Nouvelles de l'étranger...* La bande de Fra-Diavolo joue l'opéra-comique dans les provinces de Naples...

LA BARONNE. — Mon dieu, moi qui ai toujours peur la nuit.

LE COMTE. — Tant pis, madame, pourquoi êtes-vous veuve ? Il y a une fable de La Fontaine sur ce sujet-là.

LA BARONNE. — Heureusement que les dogues font bonne garde.

LE COMTE. — Faire garder son logis par des chiens, c'est connaître les hommes.

LA BARONNE. — C'est qu'il y a des voleurs qui ont l'air très comme il faut.

LE COMTE. — Le crime n'exclut pas l'élégance. (Lisant). La statistique ouvre les yeux..... Elle a constaté 8 incendies, 147 assassinats, dont 85 ont occasionné la mort, et 5 jeunes filles ont été violées.

LA BARONNE. — Vous voilà content, j'espère. C'est épouvantable.

LE COMTE. — Je trouve au contraire, madame, que cinq viols sont bien peu de chose, et j'aime à croire qu'on ne comprend pas dans ce chiffre celles qui ont succombé avec grâce. C'est, d'ailleurs, un accident qui n'arrive qu'une fois dans la vie des jeunes filles ; mais, franchement, cinq viols, ce n'est pas assez pour l'honneur de la vertu... Ah ! un joli petit crime pastoral... Une jeune bergère de Sologne, dix-sept ans, blonde, qui a assassiné sa compagne, et qui s'est parée de son bonnet pour briller à la fête du village... C'est tout à fait dans la manière de monsieur de Florian.

LA BARONNE. — Monsieur, vous me rendrez folle.

LE COMTE. — Je fais tout ce que je peux, madame... Est-il bien nécessaire que je vous dise à combien de degrés monte le thermomètre de l'ingénieur Chevalier ?

LA BARONNE. — Oui, si cela pouvait le faire descendre un peu.

LE COMTE. — Madame, je lis ici qu'il y a énormément de prunes cette année dans le Périgord. On les sème comme des perles... Un évènement affreux vient de jeter la consternation dans la commune de Belleville... Voilà cinquante mille personnes consternées d'un seul coup de plume.

LA BARONNE. — Eh bien ?

LE COMTE. — Encore un incendie occasionné par l'imprudence......

LA BARONNE. — Des parents qui laissent des allumettes entre les mains de leurs enfants.

LE COMTE. —Non, madame, par l'imprudence des enfants qui laissent des allumettes entre les mains de leurs parents. C'est un mari qui a voulu se débarrasser de sa femme... Voici maintenant que le dégoût de la vie fait de fréquents ravages dans le département de la *Charente*. Le mal a gagné sa sœur, *la Charente-Inférieure*, qui commence à être infestée de cette abominable monomanie. J'aime beaucoup ces phrases vertueuses. Un journal qui dit ces joyeusetés morales coûte 54 francs par an, et on peut se suicider avec quatre sous de charbon... et même pour rien ; car, dix lignes plus loin, une jeune fille s'est précipitée de la hauteur d'un quatrième étage, la tête en bas....... par respect pour les mœurs, sans doute.

LA BARONNE. — Vous faites maintenant l'apologie du suicide ?

LE COMTE. — Loin de là : je ne pense pas qu'il soit une lâcheté, voilà tout. Je crois même qu'arrivé à un certain degré de souffrance, un homme peut disposer librement de sa vie.

LA BARONNE. — Vous devriez bien vous suicider un peu.

LE COMTE. — Ma coupe d'amertume ne déborde pas encore, madame. Je réfléchirai..... Ah ! voici qui est réellement gai..... Deux processions se sont rencontrées dans la chapelle d'un petit village d'Allemagne. L'une venait demander de la pluie et l'autre du beau temps.

LA BARONNE. — Un athée comme vous ne croit pas aux miracles ?

LE COMTE. — Je suis très-religieux, mais je me défie un peu des miracles qui commencent au sommet d'une montagne pour finir en police correctionnelle.

LA BARONNE. — Je dirai cela à votre tante Angélique.

LE COMTE. — Non, madame, je vous en prie. Sérieusement, vous lui feriez de la peine.

LA BARONNE. — Vous n'avez même pas le courage de votre opinion.

LE COMTE. — Madame, encore une éruption du Vésuve.... Je me suis souvent demandé comment Pline avait pu se laisser ensevelir vivant par ce volcan ridicule ?

LA BARONNE. — En quoi le Vésuve est-il un volcan ridicule, je vous prie ?

LE COMTE. — C'est mon opinion. Je le connais très-bien. Quand ses accès le prennent, il se remue un peu pour prévenir ses voisins. Les timides s'en vont. Ceux qui connaissent mieux son caractère et ses habitudes attendent une deuxième sommation qui est toujours respectueuse. J'avais pour compagnon de voyage un jeune anglais qui lut cette phrase dans son journal : « *Le cratère a parlé.* » Eh bien, je vais causer avec lui. Sur ce, l'Anglais se met en route, s'assied au bord du cratère et lui dit : « *Vésuve, vous crachez un peu de soufre et vous* » *faites moins de fumée qu'un Allemand avec sa pipe;* » *vous êtes un volcan ridicule et je ne veux pas m'en* » *aller.* » Il en est mort.

LA BARONNE. — Et vous ?

LE COMTE. — Moi, j'ai déguerpi sans attendre la troisième sommation.

SCÈNE III

LES MÊMES, LISE, ORÉMUS.

LISE, entrant. — Monsieur Orémus, madame. (A part.) Mon dieu, qu'il est laid. (Elle sort).

LA BARONNE. — Quel ennui.

ORÉMUS, entrant.— Madame, monsieur, Dieu vous assiste à votre dernière heure et vous tienne en santé jusqu'à la fin de vos jours.... Madame, il est dix heures, et je viens vous donner votre petite leçon de botanique.

LE COMTE, à part.— Il n'y a réellement que les femmes qui poussent la curiosité jusqu'à examiner des oiseaux de cette espèce-là.

LA BARONNE. — Cher monsieur Orémus, j'attends une visite. Si vous le voulez bien, nous remettrons la leçon à demain.

ORÉMUS. — Je suis humblement à vos ordres, madame. Vous n'avez peut-être pas étudié la leçon d'aujourd'hui?

LA BARONNE. — Non, je n'ai pas eu le temps, je me suis levée tard.

ORÉMUS. — J'avais cru vous voir revenir de la promenade vers sept heures du matin?

LA BARONNE. — Vous vous serez trompé, monsieur Orémus.

ORÉMUS. — Je ne crois pas, madame. Je ne connais pas d'autre personne du pays qui monte à cheval et porte un chapeau d'homme.

LA BARONNE. — Vous aurez rêvé cela, monsieur Orémus.

ORÉMUS. — Je ne rêve jamais, madame.

LA BARONNE. — Vous êtes bien heureux, monsieur Orémus.

14.

ORÉMUS. — J'ai le sommeil que donne une bonne conscience... Alors, je reviendrai demain.

LA BARONNE se levant. — Oui, après demain, si vous voulez. J'aime beaucoup la botanique.

ORÉMUS. — Vous savez le sujet de la leçon ?

LA BARONNE. — Quel sujet? Non, je ne me souviens pas.

ORÉMUS. — Les plantes mâles et les plantes femelles et la théorie de la fécondation.

LA BARONNE. — Cela doit être du plus haut intérêt... demain.

ORÉMUS. — Oui, madame, les vents sont les véhicules qui transportent à de grandes distances les germes des plantes, et la reproduction s'opère.....

LE COMTE à la fenêtre. — Vous avez une admirable vue, madame.

ORÉMUS. — Quelle est belle, cette nature cultivée par la main de l'homme!

(Le comte et la baronne causent à l'écart.)

Madame, monsieur, j'ai l'honneur de vous présenter mes humilités bien respectueuses.

(Il sort.)

SCÈNE IV

LE COMTE, LA BARONNE

LE COMTE. — Madame, vous avez un singulier professeur.

LA BARONNE. — C'est une distraction... Parlez-moi donc de quelque chose qui soit plus à la mode.

(Elle reprend sa place devant le chevalet.)

LE COMTE. — La mode est aux mémoires. Si vous le désirez, je vous raconterai l'histoire de ma vie.

LA BARONNE. — A la bonne heure. Depuis que vous êtes mon plus proche voisin de campagne, je vous reçois comme un ami sur la recommandation de votre mère et de votre tante, et, puisque vous allez me quitter, l'occasion est peut-être favorable pour lier connaissance.

LE COMTE. — Voici, madame, mon histoire. Bien qu'elle soit triste, elle ressemble à celle des peuples heureux, et elle n'est pas intéressante. D'abord, je vous demanderai la permission de passer mon âge sous silence.

LA BARONNE. — A votre place, j'en ferais autant.

LE COMTE. — C'est à cause de ma tante Angélique.

LA BARONNE. — Oui, je sais, vous êtes né le jour de son mariage, et vous lui tenez lieu d'extrait de naissance.

LE COMTE. — Précisément. J'ai vu le jour, à minuit, du côté de la Lorraine, par là, dans une petite localité dont le nom n'est marqué sur aucune carte...

LA BARONNE. — C'est humiliant ; mais, si vous continuez ainsi, il y aura un peu d'obscurité dans votre récit.

LE COMTE. — Je tâcherai d'être plus clair dans la suite, madame. Si j'avais pu choisir le lieu de ma naissance, j'aurais voulu venir au monde en pleine mer. Cela tient à ce que je n'ai jamais bien compris la question des nationalités. Je conçois qu'on préfère être né en France plutôt qu'en Sibérie ; cependant je vois tous les peuples se chamailler pour la suprématie. Il n'est pas un roi de quatre malheureux paysans qui ne se proclame chef de la plus puissante nation du globe, et pas de cabaret où il n'y ait eu des bouteilles cassées en l'honneur de tous les pays.

LA BARONNE. — Passons à l'histoire moderne.

LE COMTE. — J'y arrive, madame. Il me serait difficile de remonter le cours des âges pour établir ma généalogie, et je n'en suis pas fâché. Ceux qui peuvent étudier leur histoire ont dû quelquefois en trouver d'assez désagréables. On ne doute jamais de la vertu de sa mère et de sa grand'mère ; mais, à partir de là, c'est une autre question. Sans aller bien loin, mon trisaïeul, madame, était un fieffé gredin ; j'ai découvert cela.

LA BARONNE. — Qu'est-ce qu'il a donc fait ?

LE COMTE. — C'était un puissant seigneur, doux comme un agneau, et qui n'aurait pas tué une mouche, mais qui faisait pendre tous ceux qui passaient armés dans ses domaines.

LA BARONNE. — C'est très-édifiant.

LE COMTE. — N'ayant pu régler ma vie à ma façon, le hasard, la Providence a voulu que j'aie une mère excellente. Jusqu'à l'âge de dix-sept ans, sous l'œil d'un précepteur idéal, j'ai vécu au milieu d'un cercle de femmes de différents âges. Quelques-unes étaient jolies, toutes étaient spirituelles. Sifflé dans cette volière, j'aurais pu entrer dans un couvent de jeunes filles à l'âge où mes camarades portaient l'épaulette.

LA BARONNE. — Vert-Vert ?

LE COMTE. — Oui, madame. Un jour, mes gardes du corps crurent apercevoir sur mes lèvres l'ombre d'une moustache. Cette découverte jeta le plus grand trouble dans la communauté. Des mesures sévères furent prises, la surveillance devint plus active, ma mère se refusait à croire à la fatale nouvelle ; enfin, madame, les moustaches se dessinaient, il fallut se rendre à l'évidence, la désolation était générale; et les moustaches poussaient toujours !

LA BARONNE. — Alors, on commit l'imprudence de vous laisser monter sur un bateau à vapeur, où vous avez fait connaissance avec des officiers de hussards?

LE COMTE. — A peu près. Ma mère m'envoya à Paris, chez un oncle, avec force larmes et recommandations. Mon oncle m'adressa un beau discours qui se termina par la péroraison suivante : « Mon camarade, tu me pa-
» rais très-savant pour ton âge, mais tu manques de
» l'expérience nécessaire pour mettre en pratique les
» belles choses que tu as apprises. En conséquence, tu
» vas me faire le plaisir de fréquenter des jeunes gens de
» ton âge, de courir la ville, de te battre un peu en
» duel, de dépenser beaucoup d'argent, et, au besoin, de
» faire des dettes que je payerai religieusement. Moyen-
» nant quoi, je te mets la bride sur le cou en te donnant
» ma bénédiction, et tu seras un gentilhomme accom-
» pli. » J'ai suivi ses conseils avec assez de succès.

LA BARONNE. — Vous êtes modeste.

LE COMTE. — Et fort instruit, madame. J'ai du bien, de la naissance; mes amis disent que j'ai quelque esprit, mais celle de mes qualités dont je fais le plus de cas, c'est ma modestie.

LA BARONNE. — Très-bien.

LE COMTE. — Car la modestie est une vertu tout à fait négative, et qui consiste simplement à ne pas dire tout haut aux autres ce qu'on pense tout bas de soi. Vous ne dites pas : « Je suis jeune, je suis jolie, j'ai beaucoup d'esprit; » mais vous le pensez, et moi aussi.

LA BARONNE. — A votre aise.

LE COMTE. — Mon Dieu, je vous raconte mon histoire. A quoi bon ne pas dire la vérité? Il est si simple de se taire. Les mensonges inutiles n'ont pas d'excuse.

LA BARONNE. — Voilà une belle morale.

LE COMTE. — Tout le reste est à l'avenant, madame, et vous en entendrez bien d'autres, si vous m'accordez la grâce de m'écouter jusqu'à la fin.

LA BARONNE. — Très-volontiers.

LE COMTE. — Je passerai sous silence les détails de mes années d'apprentissage qui sont un peu accidentées.

LA BARONNE. — Comme les romans. C'est toujours la même chose.

LE COMTE. — Mon Dieu, oui, madame. J'arrive au fait capital de mon existence, c'est-à-dire le secret que vous désirez tant savoir.

LA BARONNE. — Enfin... Soyez long.

LE COMTE. — Voici, madame, la vérité dans son plus simple appareil. L'hiver dernier, j'ai eu l'occasion de rencontrer, au bal costumé de madame de Noirmont...

LA BARONNE. — Une amie intime à moi.

LE COMTE. — Ce jour-là même, vous m'aviez traité d'une façon cruelle... j'étais désespéré...

LA BARONNE — Quel costume portiez-vous ?

LE COMTE. — J'étais en Armagnac... Je rencontre donc une jeune femme...

LA BARONNE. — L'ange, la femme inconnue, la sœur des rêves...

LE COMTE. — J'eus le malheur de causer avec elle. Au bout d'une demi-heure de conversation, j'étais un homme perdu, enchaîné... Elle m'accorde une valse... La musique, les fleurs, les lumières...

LA BARONNE. — L'herbe tendre...

LE COMTE.— Nous nous trouvons entraînés par la valse au fond d'un salon désert à peine éclairé. J'avais la tête un peu brouillée ; ma danseuse se plaignit du vertige, et je la priai d'ôter son masque pour respirer.

LA BARONNE. — Pour respirer. Quelle attention délicate.

LE COMTE. — Elle interpréta sans doute ainsi ma pensée, car elle refusa. J'insistai, et elle me déclara qu'elle consentirait à se démasquer un instant, sous la promesse formelle que je ne me marierais pas sans sa permission.

LA BARONNE. — Vous avez accepté cette condition ?

LE COMTE. — Oui, madame.

LA BARONNE. — Et vous considérez cette parole donnée comme sérieuse ?

LE COMTE.— Très-sérieuse... C'est ainsi, du moins, que je traite ma parole.

LA BARONNE. — Et si je vous offrais ma main ?

LE COMTE. — J'aurais la douleur de la refuser provisoirement, sans cesser de me compter au nombre de vos amis les plus dévoués.

LA BARONNE. — Vous n'attendez pas de remercîments, n'est-ce pas ?... Savez-vous qu'il est très-chevaleresque de rester ainsi fidèle à la foi jurée à une femme qu'on ne connaît pas? Continuez.

LE COMTE. — Elle se démasqua d'un geste si rapide que, dans cette demi-obscurité, j'eus à peine le temps de distinguer sa physionomie. Après l'avoir reconduite à sa place, je m'éloignai une minute pour aller lui chercher une glace... Quand je revins, elle avait disparu.

LA BARONNE. — Et la glace?... Vous l'avez prise ?... C'est une consolation.

LE COMTE. — Depuis cette apparition, je ne l'ai jamais revue. Je m'informai le soir même; mais personne ne put ou ne voulut rien me dire. J'ai suivi les bals, les soirées pendant le reste de l'hiver, je l'ai cherchée partout, et je suis resté seul avec un bouquet de roses qu'elle avait laissé sur sa chaise, et que je garde comme une relique.

LA BARONNE. — Ou comme un trophée.

LE COMTE. — Triste victoire, madame, et qui me coûte

cher. Ce bouquet n'était pas un souvenir, pas même un adieu, c'était la flèche du Parthe.

LA BARONNE. — Il y a là quelque chose qui ne s'explique pas. Je soupçonne une vengeance féminine. Si on vous a imposé de telles conditions, si on n'a pas voulu se faire connaître, c'est qu'on avait sans doute de bonnes raisons pour cela.

LE COMTE. — Elles m'échappent, madame.

LA BARONNE. — Vous suiviez peut-être trop à la lettre les graves leçons de votre oncle... le bateau à vapeur... Que sais-je, moi ?...

LE COMTE. — En effet, j'avoue que ma conduite n'était pas exemplaire ; mais j'avais le cœur si vide et j'ai tant changé depuis...

LA BARONNE. — L'expiation n'a peut-être pas encore semblé suffisante?

LE COMTE. — Cinq mois et demi, madame. Voilà à quelle extrémité fâcheuse le sort m'a réduit, et je traîne au hasard la misérable existence que vous voyez.

LA BARONNE. — La flèche du Parthe vous a traversé le cœur.

LE COMTE. — J'en mourrai certainement, dans un délai qu'il serait impossible de déterminer.

LA BARONNE. — Et vous n'avez rien fait pour guérir?

LE COMTE. — Pardon, madame, je me suis plongé dans cet océan que les poëtes appellent les plaisirs d'une

heure, j'ai fait toutes les folies imaginables, espérant
que mon inconnue m'arrêterait sur cette pente fatale,
mais sans succès. Enfin, de guerre las, je suis redevenu
sage comme Vert-Vert avant le bateau à vapeur.

LA BARONNE. — Un homme raisonnable aurait cherché
des distractions salutaires dans le travail.

LE COMTE. — C'est que je ne suis pas un homme raisonnable, et j'ai oublié ce que j'ai appris.

LA BARONNE. — Il ne manque pas de carrières qui
vous étaient ouvertes.

LE COMTE. — Lesquelles, madame, je vous prie ?

LA BARONNE. — *La politique ?*

LE COMTE. — C'est une balance à faux-poids.

LA BARONNE. — *La diplomatie ?*

LE COMTE. — Je ne sais pas faire de cocottes en papier,
et je n'ai aucune espèce de gravité dans la figure.

LA BARONNE. — *L'armée ?*

LE COMTE. — La vie de garnison ne me sourit pas.

LA BARONNE. — *La magistrature ?*

LE COMTE. — Il faut être assis et je ne puis tenir en
place.

LA BARONNE. — *La médecine ?*

LE COMTE. — Médecin ? Le mien me répète continuel-
lement que la médecine est une mauvaise plaisanterie
faite à la nature, et qu'il faut la laisser agir.

LA BARONNE. — Si ses malades s'en trouvent bien.

LE COMTE. — Ses malades ? Ils guérissent comme des mouches.

LA BARONNE. — *L'industrie ?*

LE COMTE. — Les usines sentent mauvais et vous cassent la tête.

LA BARONNE. — *Le clergé ?*

LE COMTE. — Je n'ai pas la vocation.

LA BARONNE. — *Le barreau ?*

LE COMTE. — Je suis avocat.

LA BARONNE. — Alors, plaidez.

LE COMTE. — Je n'ai pas de clients.

LA BARONNE. — Eh bien, monsieur, je suis au bout de mon rouleau, et je renonce à favoriser votre avenir.

LE COMTE. — Vous avez sans doute un but en me soumettant à cet interrogatoire ?

LA BARONNE. — Oui, monsieur.

LE COMTE. — Y aurait-il indiscrétion à vous demander ?...

LA BARONNE. — Je ne vous dirai rien.

LISE, entrant. — Madame, on aperçoit sur la route la voiture de M. Finot.

LA BARONNE. — Vous ferez entrer.

(Lise sort.)

LE COMTE. — Madame, je vous demanderai la permission...

LA BARONNE. — Non, restez, comte. Vous ne voulez pas que je chasse mes amis. M. Finot est un de mes fidèles... Vous savez avec quelle constance il me fait la cour pendant trois mois de l'année. Puis-je fermer ma porte à un juge d'instruction qui accomplit un voyage de cinq lieues pour venir me voir... et par un temps pareil?...

LE COMTE. — Madame, veuillez considérer que je pars ce soir.. J'aurai quelques dispositions à prendre avant mon départ, et, pour me rendre à Lons-le-Saunier avec mon cheval malade, il faut encore compter des heures. La vapeur est obéissante, mais elle n'attend pas.

LA BARONNE. — Vous ne savez pas une chose, comte? Je n'ai jamais aimé les orages des passions, j'ai des goûts tranquilles, et si l'envie me prenait de me remarier, j'épouserais assez volontiers un homme comme M. Finot. Il a une belle fortune, son âge n'est pas encore respectable, et par vous qui connaissez le ministre, il pourrait être appelé à Paris.

LE COMTE. — Jamais, madame; disposez de toute mon influence; mais, pour cela, ne comptez pas sur moi.

LA BARONNE. — Mon Dieu! seriez-vous jaloux?

LE COMTE. — Le ciel m'en préserve. J'ai d'ailleurs une cuirasse sans défaut et à l'épreuve de la jalousie. Avec une passion comme la mienne, le monde entier doit être indifférent.

LA BARONNE. — « Un seul être vous manque et tout est dépeuplé. »

LE COMTE. — Madame, vous êtes trop cruelle. Mes instants sont comptés, ne me retenez pas.

LA BARONNE. — Non, restez; je crois avoir trouvé une idée qui vous mettra sur la trace de votre inconnue.

LE COMTE. — Je reste.

LA BARONNE. — Puisque vous ne la connaissez pas, elle se tient sans doute au courant de votre conduite, car si vous vouliez vous marier, il est nécessaire qu'elle en soit informée, pour vous transmettre sa volonté ?

LE COMTE. — Oui, madame.

LA BARONNE. — Eh bien ! faites-moi une cour assidue, ayez l'air de vouloir m'épouser ; il faudra bien alors qu'elle se manifeste d'une façon ou d'une autre.

LE COMTE. — C'est précisément ce que j'ai fait.

LA BARONNE. — Comment, monsieur, vous avez osé?...

LE COMTE. — J'ai osé.

LA BARONNE. — Ici?

LE COMTE. — Ici.

LA BARONNE. — Chez moi ?

LE COMTE. — Chez vous, dans votre propre maison.

LA BARONNE. — Mais, monsieur, vous m'avez fait jouer un rôle ridicule?

LE COMTE. — Oui, madame, je le regrette.

LA BARONNE. — Je tirerai vengeance d'un pareil procédé.

LE COMTE. — L'art de se venger est peu connu. Libre à vous, madame, d'employer tous les moyens que vous jugerez utiles à votre vengeance; mais pour découvrir celle que je cherche, la mort, l'exil, la faim, la soif, rien ne peut m'arrêter. Telle est, madame, l'arithmétique des passions.

LA BARONNE. — Comment, monsieur, vous ne reculez pas même devant la honte?

LE COMTE. — La honte n'existe pas, madame. Qu'on se casse une jambe ou qu'une cheminée vous tombe sur la tête, voilà des maux; mais la honte, les menaces, le mépris, les malédictions, ce sont là des malheurs qui n'atteignent que ceux qui y prennent garde, et des choses de pure imagination.

LA BARONNE. — Je devais m'attendre à une telle réponse. Et vous allez sans doute à Paris chercher son autorisation ou son refus?

LE COMTE. — Elle s'oppose.

LA BARONNE. — Déjà?

LE COMTE. — Oui, madame. J'ai reçu ce matin même un billet ainsi conçu :

 « *En vertu de votre parole, je vous défends d'épouser*
» *la baronne d'Ambrières.*

   » Signé : LA MARQUISE DU BAL MASQUÉ. »

Je vais faire tirer une centaine d'épreuves photographiques de ce billet, avec récompense énorme pour qui
en découvrira l'auteur.

LA BARONNE. — Montrez-le-moi. J'ai beaucoup d'amies;
peut-être en voyant l'écriture...

(Le comte tire son portefeuille.)

SCÈNE V

LISE, LA BARONNE, FINOT, LE COMTE.

LISE, entrant. — Monsieur Finot.

(Finot entre. La baronne va au-devant de lui.
Le comte s'esquive.)

LA BARONNE. — Bonjour, cher monsieur Finot. On
vous avait signalé sur la route et je vous attendais. (A part.)
Bon, voilà le comte envolé. Il est capable de se sauver à
Paris sans tambour ni trompette. (Haut.) Pardon, monsieur Finot, veuillez vous asseoir... C'est un cheval qui
met mes poules en révolution. (A la fenêtre.) Cette jument
est fourbue, elle ne fera pas une lieue, Pauvre bête!...
(Elle revient.)

FINOT. — Vous paraissez fort animée, madame.

LA BARONNE. — Je suis tout simplement exaspérée...

FINOT. — L'exaspération vous sied à ravir, madame : le teint s'anime, les yeux brillent, et la colère donne à tous les organes une puissance de vitalité vraiment extraordinaire. Outre ces phénomènes physiques, la colère donne lieu à des phénomènes moraux qui méritent l'attention des observateurs, mais qui ne méritent certainement pas la vôtre.

LA BARONNE. — Vous n'êtes pas comme moi, monsieur, vous paraissez content.

FINOT. — Oui, madame, je ne me plains pas du sort. Etrange destinée que la mienne, madame. Moi, qui suis juge d'instruction, et qui passe ma vie à sonder les plus noirs marais de la conscience d'un tas de gredins, une fois libre des soins et des inquiétudes de mon horrible métier, je lis une page d'Horace, je ne vois plus que les côtés riants de la nature humaine, et je me considère comme un homme qui sort d'un affreux cauchemar, réveillé par un rayon de soleil.

LA BARONNE, à part. — Je n'avais jamais si cruellement observé combien tous les hommes sont possédés de la manie de raconter leur histoire.

FINOT. — L'étude des plaies physiques et morales de l'humanité a ses désenchantements, madame ; mais je ne suis pas devenu méchant ; mon âme s'est repliée. Il ne faudrait, comme dit le poëte, qu'un rayon à la fleur pour la voir s'épanouir.

LA BARONNE. — Epanouissez-vous, monsieur Finot.

FINOT. — Devrais-je regarder vos paroles comme un présage favorable, si j'étais un augure ?

LA BARONNE. — Non, monsieur, nous ne pourrions plus nous regarder sans rire... Mais vous ne me donnez pas de nouvelles de Lons-le-Saulnier? (A part.) Le comte ne revient pas.

FINOT. — La femme de mon excellent ami Dubreteuil, le notaire, est indisposée.

LA BARONNE. — Pauvre dame .. *Elle n'ira pas loin.*

FINOT. — Comment cela, au contraire, l'indisposition est légère.

LA BARONNE. — Pardonnez-moi, je pensais à cette pauvre jument qui est si fatiguée.

FINOT. — Un peu de repos et de la paille fraîche, il n'y paraîtra plus.

LA BARONNE. — *Oh! oui. Vous voudrez bien lui dire que j'irai la voir.*

FINOT. — De qui parlons-nous, madame, s'il vous plaît?

LA BARONNE. — De madame Dubreteuil.

FINOT. — Moi, je parlais à mon tour du cheval... On fait de grandes améliorations à notre mairie. On ajoute un pavillon. Le bâtiment projeté est brique et pierre de taille, dans le style de Louis XIII. Ce sera d'un bel effet, avec un cadran lumineux.

LA BARONNE, à part. — Si le comte ne part que ce soir à sept heures et quart, on aura le temps d'aller le chercher au chemin de fer.

FINOT. — Nous avons eu, ces jours derniers, une évasion bien extraordinaire. Il y a réellement des gredins qui usent la pierre de leurs cachots.

LA BARONNE, à part. — Pourvu que le comte ne prenne pas la fuite. (Haut.) Contez-moi cela, monsieur Finot.

FINOT. — Imaginez-vous, madame, un prisonnier tout jeune, d'apparence délicate, visage doux et timide. A l'aide d'un simple banc de bois, l'assassin...

LA BARONNE. — L'assassin, dites-vous? Ce jeune homme?

FINOT. — Oui, madame, il a assassiné une femme qui lui résistait depuis deux ans.

LA BARONNE. — Depuis deux ans... C'est incroyable... Elle est morte?

FINOT. — Non, madame, elle est hors de danger...

LA BARONNE. — Veuillez continuer.

FINOT. — A l'aide d'un simple banc de bois, il est parvenu à briser ses barreaux. Avec un de ces barreaux, a descellé les barreaux du deuxième rang, et en écartant les barreaux du troisième...

LA BARONNE — Mon Dieu, monsieur, combien y avait-il de rangs?

FINOT. — Trois rangs, madame.

LA BARONNE. — C'est bien assez.

FINOT. — Il paraîtrait que non, car il s'est évadé. Il était enfermé dans la cellule n° 37, au 3e étage de la Tour-Couronnée. Il attache bout-à-bout ses draps qui se trouvent trop courts, et se laisse tomber d'une hauteur de trente pieds dans la Riante, petite rivière qui coule au pied de la tour.

LA BARONNE. — Peu profonde, heureusement.

FINOT. — Non, madame, très-profonde, malheureusement. S'il n'y eût eu que deux pieds d'eau, il se tuait net. Il en a été quitte pour un plongeon. Le factionnaire a fait feu, mais sans succès.

LA BARONNE. — C'est une balle dans l'eau. Et qu'est devenu ce jeune homme ?

FINOT. — La justice informe.

LA BARONNE. — Qui, monsieur?

FINOT. — La justice informe les voleurs et les assassins qui lisent très-assidûment la *Gazette des Tribunaux*. (Il tire sa montre). Onze heures... Je regrette bien sincèrement, madame, de ne pouvoir prolonger ma visite, mais mes fonctions m'appellent et je crois être sur les traces d'Antony.

LA BARONNE. — Il s'appelle Antony ?

FINOT. — Non, madame, je faisais allusion à un drame célèbre de ma jeunesse.

(Le comte paraît au fond.)

LA BARONNE. — Mais, monsieur, je ne vous ai pas encore dit la cause de mon exaspération.

FINOT. — Je vous écoute, madame.

LA BARONNE. — Eh bien, croiriez-vous que monsieur
de Revigny a refusé ma main que je lui offrais ce
matin ?

FINOT. — C'est impossible, madame.

LA BARONNE. — C'est la vérité.

FINOT. — En ce cas, madame, je ne vous demande
qu'une grâce, c'est de songer, en désespoir de cause,
qu'il y a toujours un ami dévoué qui sera trop heureux
de la solliciter.

LA BARONNE. — Merci, cher monsieur Finot, vous êtes
bien réellement un ami et vous méritez mieux.

(Le comte s'approche. Il échange un salut avec Finot qui sort.)

SCÈNE VI

LE COMTE, LA BARONNE.

LA BARONNE. — Vous voilà donc encore revenu, comte ?
Je vous croyais, cette fois, bien définitivement parti.

LE COMTE. — Mon cheval n'en pouvait plus au bout
d'un quart de lieue. J'ai dû revenir. C'est une bête per-

due... un coureur qui a obtenu deux accessits aux dernières courses. C'est pitoyable. Je ne puis plus décemment l'appeler *Tonnerre-des-Indes*, c'est une rosse qu'il faut intituler *Reste-Tranquille*... Et cette pluie qui tombe toujours...

LA BARONNE. — Avouez donc qu'elle vous a fourni un mauvais prétexte pour revenir... Vous avez été bien inspiré... dix minutes plus tard, j'épousais monsieur Finot.

LE COMTE. — Vous auriez bien fait.

LA BARONNE. — Laissons cela. Maintenant que nous voilà tranquilles, il serait peut-être temps de jeter un peu de lumière sur votre ténébreuse histoire du bal masqué.

LE COMTE. — Voici le billet que j'ai reçu, madame.

LA BARONNE. — Il me semble que cette écriture ne m'est pas inconnue...

LE COMTE. — Le nom, madame, le nom, je vous en prie.

LA BARONNE. — Vous êtes bien pressé. Je ne le sais pas... J'ai tant de relations... Mes souvenirs sont trop confus pour que je puisse ainsi les fixer à première vue... J'avais autrefois une amie de pension... Voyons... aidez-moi donc un peu... Faites-moi son portrait ?

LE COMTE. — Je ne l'ai jamais vue.

LA BARONNE. — Mais si, vous l'avez vue au bal masqué. Rappelez vos esprits.

LE COMTE. — Cela ne s'appelle pas voir... Je l'ai à peine entrevue... poudrée... dans l'ombre... pendant quelques secondes...

LA BARONNE. — Et cette épreuve a suffi pour vous enchaîner?

LE COMTE. — Voilà bien ce qui m'exaspère. Elle a ma parole.

LA BARONNE. — Il ne fallait pas l'engager à la légère... pour un motif de simple curiosité.

LE COMTE. — C'est qu'à cette époque, j'étais bien éloigné de croire qu'il me viendrait en tête un jour la malencontreuse idée de me marier... Si je la voyais, là, devant moi, bien à mon aise, comme je vous vois en cet instant, je pourrais me former une opinion.

LA BARONNE. — Mon Dieu, que vous voilà donc embarrassé, et que vous avez l'air malheureux.

LE COMTE. — Ayez un peu de pitié pour moi, madame.

LA BARONNE. — Je devrais m'en venger, pour avoir eu l'audace de refuser ma main... Enfin, aimez-vous mon amie? Le nom me viendra peut-être tout à l'heure.

LE COMTE. — Oui... c'est-à-dire, j'ai le pressentiment que je l'aimerais.

LA BARONNE. — Tout cela est bien vague... Je crois que, dans le doute, vous voudriez bien être dégagé de votre parole?

LE COMTE. — Oui, madame.

LA BARONNE. — Et que feriez-vous de votre liberté?

LE COMTE. — Je vous l'offrirais, sans arrière-pensée.

LA BARONNE. — Et votre pressentiment?

LE COMTE. — Les pressentiments sont des niaiseries.

LA BARONNE. — Réflexion faite, vous avez eu tort de refuser ma main, comte. Vous avez lâché la proie pour l'ombre. Ne la demandez plus.

LE COMTE. — Mais je ne pouvais pas l'accepter!

LA BARONNE. — J'espère que vous n'allez pas vous mettre en colère contre moi, et je vous prie de remarquer que je cherche à vous tirer de cette situation d'une façon bien désintéressée.

LE COMTE. — Vous avez mille fois raison. Faites de moi ce que vous voudrez.

LA BARONNE. — Procédons par ordre et tâchons d'élucider la question. Vous avez rencontré une femme mystérieuse au bal costumé de madame de Noirmont, l'hiver dernier?

LE COMTE. —Le 26 novembre.

LA BARONNE. — Vous avez bonne mémoire.

LE COMTE. — Oui, madame, excellente.

LA BARONNE. — Moi aussi. Sous quel déguisement l'avez-vous vue?

LE COMTE. — Elle avait un costume du temps de Louis XV.

LA BARONNE. — Une robe à paniers?

LE COMTE. — Oui, madame.

LA BARONNE. — De quelle couleur!

LE COMTE. — Bleu de Chine.

LA BARONNE. — Voilà qui est bien. Bleu de Chine.

LE COMTE. — Avec des bouquets de roses semés sur la robe.

LA BARONNE. — Très-bien.

LE COMTE. — Et un bouquet de roses naturelles au côté, près du cœur.

LA BARONNE. — La flèche du Parthe. Votre modestie est incomparable. Pourquoi ne pas l'avouer? Elle avait des souliers de satin, bleus comme la robe?

LE COMTE. — Oui, avec un bouton de rose en guise de bouffettes.

LA BARONNE. — Passons maintenant à la tête. Elle était poudrée?

LE COMTE. — Comme un pommier.

LA BARONNE. — La comparaison n'est pas heureuse. Est-elle brune ou blonde?

LE COMTE. — Je ne pourrais rien affirmer, à cause de la poudre.

LA BARONNE. — Oui, il y en avait un peu dans vos yeux.

LE COMTE. — Je suppose que, vêtue de bleu de Chine, elle devait être blonde.

LA BARONNE. — Vous saurez à l'avenir que beaucoup de femmes brunes portent des couleurs claires, et se persuadent qu'elles sont fort bien ainsi. Sous le masque, vous avez vu les yeux ?

LE COMTE. — Oui, de grands yeux, doux et fiers, d'un bleu profond, presque noirs, comme les vôtres... Vous avez de beaux yeux, madame.

LA BARONNE. — Je ne vous interroge pas pour recevoir des compliments.

LE COMTE. — Les femmes disent qu'elles n'aiment pas les compliments.

LA BARONNE. — Vous vous trompez. Je les aime beaucoup. Ne perdons pas la piste. Et sous la barbe de dentelle ?

LE COMTE. — Un teint mat comme l'ivoire, le menton un peu gras, l'oreille délicate, la bouche ironique, des dents éclatantes... Comme vous, madame.

LA BARONNE. — Et son front ?

LE COMTE. — Un beau front... un peu bombé... Comme le vôtre.

LA BARONNE. — Une belle chevelure

LE COMTE. — Opulente.

LA BARONNE. — Voilà un mot poétique... Comme la mienne ?

LE COMTE. — Comme la vôtre.

LA BARONNE. — Le nez ?

LE COMTE. — J'ai des idées vagues sur le nez. Il m'a paru en harmonie avec l'ensemble des traits.

LA BARONNE. — Comme le mien, alors ?

LE COMTE. — Si vous voulez, madame.

LA BARONNE. — Cela va de soi. La poudre, les mouches, le blanc et le rouge, le costume, la coiffure, changent beaucoup l'air et la physionomie. La reconnaîtriez-vous ?

LE COMTE. — Oui... je ne sais pas.

LA BARONNE. — Le cri du cœur, l'amour aux yeux d'aigle... On voit des choses si étranges... Et sa taille ?

LE COMTE. — Elle m'a semblé de taille moyenne... un peu plus grande que vous.

(La baronne marche.)

Non, cependant, je crois que vous seriez un peu plus grande qu'elle... ou plutôt, vous êtes de la même taille.

LA BARONNE. — Bon. Le pied ? La main ?

LE COMTE. — Un pied de Cendrillon. Une main de race.

LA BARONNE. — Ceci et cela.

LE COMTE. — Absolument.

LA BARONNE. — N'avez-vous point fait une remarque, comte ?

LE COMTE. — Laquelle, madame ?

LA BARONNE.— C'est que si vous pouviez relire vos déclarations, vous seriez peut-être fort étonné de voir que le signalement de votre inconnue me ressemble trait pour trait, comme celui des passe-ports: Nez rond, menton rond, visage rond, front rond, cheveux et sourcils ronds, taille ronde, bouche ronde, signe particulier rond?

LE COMTE. — En effet, madame, cela tient peut-être à ce que la réalité a effacé le souvenir d'un rêve.

LA BARONNE. — Vous avez des éclairs de poésie... Tenez, comte, vous êtes un homme plein de cœur et de franchise, et il serait cruel à moi de vous torturer plus longtemps. La marquise du bal masqué, c'est moi.

LE COMTE. — Je le savais, madame, j'attendais mon pardon.

LA BARONNE. — Je vous l'accorde, sous la condition que vous vous marierez.

LE COMTE, avec un soupir. — Ah! j'y pense souvent.

LA BARONNE. — Mais si vous y pensez jusqu'à soixante-dix ans?

LE COMTE. — Je me marierais volontiers, mais je voudrais me marier tout de suite, sans avoir le temps de me crier *gare*. Ce qui m'effraye, ce n'est pas le mariage, c'est d'aller régulièrement en habit noir, pendant trois mois, chez les parents d'une jeune personne qui m'éplucheraient comme une noix, de porter des papiers à une mairie, d'être affiché derrière un grillage et tambouriné dans tous les journaux, de répondre à toutes les observations de

mes amis et connaissances, d'acheter une corbeille, des
tas de meubles...

LA BARONNE. — Oui, en effet, c'est effrayant.

LE COMTE. — Ensuite, de faire l'éducation d'un ange
qui sort du pensionnat.

LA BARONNE. — C'est dangereux.

LE COMTE. — Je sens bien que je traîne au hasard une
existence désolée, sans foyer, sans but, sans affection...

LA BARONNE. — Oh! comte, je vous en prie, répétez-
moi donc encore cette belle phrase-là?

LE COMTE. — ... Une existence désolée, sans foyer,
sans but, sans affection...

LA BARONNE. — C'est très-bien, ce que vous dites là.

LE COMTE. — Et puis, franchement, dussé-je mourir
célibataire, je ne m'exposerai plus à faire ce qui s'appelle
une déclaration.

LA BARONNE. — Vous en avez donc fait beaucoup?

LE COMTE. — C'est-à-dire... oui, madame, j'en ai fait
beaucoup.

LA BARONNE. — A la bonne heure, vous êtes franc...
Mais ne pourriez-vous pas trouver une femme qui vous
éviterait une bonne partie des préliminaires?

LE COMTE. — Eh! madame, quelle femme consentirait
à unir sa destinée à la mienne, et m'aiderait à accom-
plir ce dernier acte d'aberration?

LA BARONNE. — Moi, si vous voulez.

LE COMTE. — Ah! madame, ne vous moquez pas ainsi du plus sincère de tous vos amis.

LA BARONNE. — Je parle très-sérieusement.

LE COMTE. — Au nom du ciel, madame, auriez-vous le malheur de m'aimer?...

LA BARONNE. — Que voulez-vous, cher comte, la pluie...

PERSONNAGES

LA MARQUISE.
LE COMTE JUDAS DE PIERREFONDS.
ÉTIENNE, clerc de notaire.
LAURENCE.
Un DOMESTIQUE.

La scène se passe de nos jours, à Paris, le 1er janvier.

LE BAISER DE JUDAS

Un salon.

SCÈNE PREMIÈRE

LA MARQUISE, UN DOMESTIQUE.

LA MARQUISE paraît, sonne et va à la fenêtre. — Voilà ce qu'on appelle ici les Champs-Élysées : des arbres poudrés à blanc, l'été par la poussière et l'hiver par le givre. (Elle s'assied au coin du feu.) Quelle journée charmante que le premier janvier : des baraques sur les boulevards, de la neige dans les rues, des enfants avec des polichinelles, et des gens endimanchés qui colportent des bonbons et des embrassades à domicile.

UN DOMESTIQUE, entrant. — Madame, voici les cartes de visite qu'on a apportées ce matin.

LA MARQUISE. — Prévenez Mlle Laurence que je l'attends.

LE DOMESTIQUE, ouvrant la porte, à gauche. — La voici, madame.

(Il sort.)

SCÈNE II

LA MARQUISE, LAURENCE.

LA MARQUISE. — Bonjour, Laurence, venez m'embrasser. (Elle l'embrasse.) Vous êtes fraîche comme une rose, ce matin...

LAURENCE. — Madame, savez-vous que, depuis huit jours, je cherche ce que je pourrais bien vous souhaiter pour la nouvelle année?

LA MARQUISE. — Je présume que vous n'avez rien trouvé. (Avec un soupir.) Ma vie est si heureuse.

LAURENCE. — Si, madame, j'ai trouvé quelque chose, mais je n'ose pas vous le dire.

LA MARQUISE. — Parlez.

LAURENCE. — Je vous souhaite.....

LA MARQUISE. — Vous me souhaitez?...

LAURENCE. — Un mari.

LA MARQUISE, vivement. — Laurence ?

LAURENCE. — Pardonnez-moi, madame

LA MARQUISE. — Je vous pardonne, méchante petite

fille, mais que cela ne vous arrive plus pendant toute l'année, entendez-vous?

LAURENCE. — Je vous le promets.

LA MARQUISE. — Et que vais-je vous souhaiter, moi? Un mari aussi, je suppose.

LAURENCE. — Ne m'avez-vous pas dit que vous ne me permettriez de songer au mariage que le jour où vous manqueriez à votre serment de ne jamais vous remarier?

LA MARQUISE. — Oui, Laurence, et si j'étais fée pour une heure, je vous toucherais de ma baguette, et je vous condamnerais à l'éternel bonheur de vivre et de mourir fille.

LAURENCE. — Ah! madame, vous n'auriez pas cette cruelle pensée.

LA MARQUISE. — Vous m'en remercieriez, si vous saviez comme moi ce que c'est que le mariage.

LAURENCE, avec un soupir. — Je ne le sais pas.

LA MARQUISE. — Et vous voulez le savoir.

LAURENCE. — Oui, madame.

LA MARQUISE. — Toutes ces petites filles sont les mêmes. On a bien raison de dire que la femme est un être inférieur, né pour obéir... Mais regardez donc les hommes, s'ils parlent comme vous? Ils sont bien moins pressés de devenir vos maîtres et seigneurs, que vous de devenir leurs esclaves. (A part.) Il est vrai qu'ils ont des secrets pour trouver l'attente moins cruelle. (Haut.) Voyons, qu'alliez-vous dire ?... Vous vouliez parler ?

LAURENCE. — Madame...

LA MARQUISE. — Expliquez-vous.

LAURENCE. — Je voulais dire que M. le marquis n'était pas un tyran.

LA MARQUISE. — Et que j'ai tort d'en vouloir au mariage, n'est-ce pas ? Certes, le marquis n'était pas un tyran, et si j'ai jamais eu un reproche à lui faire, c'était d'être le modèle de tous les maris. Vous ne comprenez pas cela, vous, innocente enfant ?

LAURENCE. — Non, madame.

LA MARQUISE. — Le marquis n'était ni beau ni laid, ni vieux ni jeune ; mais il avait su me plaire, puisque je l'avais choisi. C'était un homme du monde, noble, spirituel, instruit, mais d'un caractère si doux, si bon, si indulgent, si sage, si facile, qu'il m'en aurait rendue folle.

LAURENCE. — Je ne comprends encore pas, madame.

LA MARQUISE. — Mais tâchez donc de comprendre ! Que pouvais-je devenir, à seize ans, avec un mari qui s'étudiait à prévenir tous mes désirs, qui obéissait à tous mes caprices, qui adorait tous mes défauts, et qui trouvait que rien n'était plus raisonnable que mes extravagances ? Il ne vivait que pour moi, ne me quittait que par force, et il aurait volontiers coulé des jours filés d'or et de soie, à m'adorer comme une madone, assis à

mes genoux sur un coussin. Je l'aurais ruiné en folies
qu'il eût jeté son dernier écu par la fenêtre avec un
sourire, j'aurais mis le feu à la maison qu'il aurait ren-
voyé les pompiers, et si je m'étais avisée de... (A part.) Il
eût été capable de lui prendre les mains et de lui dire :
« Mon ami, je vous la confie, rendez-la heureuse, n'est-ce
» pas ? »

LAURENCE. — Mais, madame, si vous étiez tombée sur
un mari violent, despote et jaloux ?

LA MARQUISE. — Violent, despote et jaloux ? L'aurais-je
pris, s'il vous plaît ?

LAURENCE. — Il y a des hommes si dissimulés.

LA MARQUISE. — Je ne serais pas restée vingt-quatre
heures avec lui, après en avoir fait la découverte.

LAURENCE. — Mais, madame, est-ce que la loi ?...

LA MARQUISE. — La loi ! vous connaissez la loi ? de
quelle loi voulez-vous parler ? Je serais curieuse de voir
une loi qui me forcerait d'être ici quand je veux aller
là... La loi ! plaisante chose, en vérité ! La loi ! la loi !...

LAURENCE. — Je croyais qu'il fallait une séparation ?

LA MARQUISE. — Sans doute, il faut une séparation en
justice ; mais il y a des moyens de s'en passer, et mon
tyran ne serait pas venu me chercher en Amérique, car
je serais partie pour l'Amérique : c'est le pays des
femmes libres. Vous connaissez maintenant mon opinion
sur le mariage et sur les maris. Le meilleur de tous a

failli me faire mourir d'ennui, de lassitude et de chagrin à force de me rendre heureuse. Jugez des autres !

LAURENCE. — Ah ! madame, c'est que vous ne l'aimiez pas !

LA MARQUISE. — Je ne l'aimais pas ! Que dites-vous donc, Laurence ? Je n'aimais pas mon mari ? Dieu sait que je l'aimais plus que mon père, et que je n'en aimerai jamais d'autre !

LAURENCE, à part. — Ce n'est pas ainsi que j'aime Étienne, moi.

LA MARQUISE. — Parlons des vivants. Vous aimez mon cousin Étienne, n'est-ce pas ? Avouez-le donc, puisque je le sais.

LAURENCE. — Oui, madame.

LA MARQUISE. — Sainte Catherine, protégez-la ! Et il vous a juré sur sa future étude de notaire qu'il vous aimait aussi ?

LAURENCE. — Il ne me l'a pas juré sur son étude de notaire, mais il me l'a juré.

LA MARQUISE. — Un gros garçon de trente ans, à Paris, c'est à n'y pas croire... Mais il n'est pas très-riche, monsieur mon cousin Étienne.

LAURENCE. — Il l'est trop, madame.

LA MARQUISE. — Qu'entendez-vous par là, trop ? Vous trouvez trop riche un maître-clerc qui a six mille francs d'appointements chez un notaire ?

LAURENCE.— Il le sera un jour, tandis que moi, je suis orpheline, je n'ai pas de dot, je n'ai rien, et si vous ne m'aviez pas fait élever, je ne sais ce que je serais devenue.

LA MARQUISE. — Eh bien! qu'est-ce que cela fait?

LAURENCE. — Je sais bien que cela ne fait rien à Étienne.

LA MARQUISE. — En êtes-vous sûre?

LAURENCE. — Madame...

LA MARQUISE. — Dites donc que vous en êtes sûre... *Je t'aime, tu m'aimes, il ou elle m'aime, nous nous aimons, vous vous aimez...* Il faut les entendre tous conjuguer ce verbe-là au présent et au passé, mais au futur, c'est une autre chanson : *Ils ne s'aiment plus.* Et si Étienne épousait une femme riche pour payer son étude? Allons, Laurence, je n'ai pas voulu vous faire de la peine, mais je suis désespérée de vous voir ces folles idées de mariage dans la tête. N'en parlons plus. Tenez, lisez-moi les cartes de visite qu'on a apportées ce matin.

LAURENCE, prenant les cartes. — *Le duc de Noirmont, — Le vicomte de Saint-Valéry, — Le baron Deshoulières.*

LA MARQUISE. — J'aurais été étonnée de ne pas recevoir sa carte; c'est le *Baron-Madrigal*, vous savez, enchaîné à mon char par des guirlandes de roses... Continuez.

LAURENCE, lisant. — *Comte Judas de Pierrefonds.*

LA MARQUISE. — Ah! mon Dieu! encore lui! mettez sa

carte à part, sur la cheminée, avec les autres. Quand j'en aurai cent, je les lui renverrai. Connaissez-vous monsieur Judas, Laurence ?

LAURENCE. — Je le connais de nom ; je ne l'ai jamais vu.

LA MARQUISE. — Vous étiez cependant dans ma loge, lorsqu'on me l'a montré, l'autre jour, au théâtre, mais vous regardiez Étienne qui l'accompagnait. Vous savez que je n'ai plus que deux parents ici : Étienne et M. Judas, comte de Pierrefonds, qui est mon cousin aussi, mais à un degré plus éloigné.

LAURENCE. — Monsieur Judas est votre cousin ?

LA MARQUISE. — Malheusement, et vous voyez qu'il en abuse, puisque, depuis son arrivée à Paris, il m'envoie sa carte trois fois par jour : le matin, à midi et le soir. J'ai reçu la première par Étienne, son ami et son ambassadeur, qui a voulu me le présenter ; mais je ne l'ai pas reçu, et ne le recevrai pas.

LAURENCE. — Que vous a-t-il donc fait ?

LA MARQUISE. — Il ne m'a rien fait. Comprenez-vous qu'on s'appelle Judas, et qu'on soit mon cousin avec un nom pareil ? Cela n'a pas le sens commun. D'ailleurs, j'ai horreur des cousins. Ils s'imaginent avoir été créés et mis au monde pour faire la cour aux pauvres femmes assez déshéritées du ciel pour être leurs cousines. Il ne me manquerait plus que celui-là. Je suis obsédée. Je tolère Étienne, parce qu'il a eu le bon goût de faire exception à la règle, mais je ne tolérerai jamais monsieur Judas. Et puis, je ne comprends pas le mystère dont il s'environne, et j'ai eu toutes les peines du monde à arracher quelques détails de la bouche d'Étienne. Tout ce que j'ai pu savoir, c'est que M. Judas s'est embarqué à dix-sept ans, et qu'après quinze ans de voyages, il a fait deux fois le tour du globe et gagné une belle fortune. Il n'est pas mal; mais un homme qui s'appelle Judas doit avoir une âme ténébreuse et un exécrable caractère; n'est-ce pas, Laurence?

LAURENCE. — Je ne sais pas, madame. Il faudrait le connaître.

LA MARQUISE. — Il n'y a pas besoin de le connaître; l'instinct d'une femme ne la trompe jamais. Etienne dit que c'est un original, et sa conduite et ses cartes prouvent suffisamment qu'il n'a aucune espèce de savoir-vivre. Voulez-vous que je reçoive chez moi un homme qui a roulé autour du monde sans s'arrêter nulle part, et qui viendrait peut-être un jour, costumé en Chinois, me demander si j'aime les nids d'hirondelles?... Mais je pense que j'ai une surprise à vous faire... Je reviens à l'instant.

(Elle sort à gauche.)

LAURENCE, seule. — Ah! mon Dieu! j'ai bien peur de ne pas me marier.

SCÈNE III

LAURENCE, ÉTIENNE, entrant, un rouleau sous le bras

ÉTIENNE. — Laurence?... seule?... Ma cousine est sortie?

LAURENCE. — Elle va rentrer tout à l'heure.

ÉTIENNE. — Quel dommage... voulez-vous me permettre de vous souhaiter la bonne année?

LAURENCE. — De tout mon cœur. (Après l'avoir embrassée, Étienne prend la main de Laurence et lui passe une bague au doigt.) Merci, Étienne. Vous avez donc pris la mesure, pour que cette bague soit si juste?

ÉTIENNE. — Celle que vous portez va précisément jusqu'à la première phalange de mon petit doigt.

LAURENCE. — Cher Étienne.

ÉTIENNE, vite. — Laurence, vous savez combien je vous aime.

LAURENCE — Oui.

ÉTIENNE, vite. — Vous savez que si notre mariage ne dépendait que de moi, vous seriez déjà ma femme; mais ma cousine y met une condition qui l'éloigne de plus en plus.

LAURENCE. — Qu'y faire ?

ÉTIENNE. — Lui ôter le droit de nous traiter du haut de son veuvage, et la décider à se marier par toutes les voies légales .. ou autres si elles sont nécessaires.

LAURENCE. — Je lui en ai encore parlé ce matin, et elle m'a répondu comme à l'ordinaire : « *Si j'étais fée pour une heure...* »

ÉTIENNE. — Ah ! oui, la baguette magique... Eh bien, j'en ai une, moi, et j'ai trouvé son maître.

LAURENCE. — Un maître à la marquise !

ÉTIENNE. — Oui un maître, un sauvage.

LAURENCE. — Qui donc ?

ÉTIENNE. — L'horrible Judas, sa bête noire.

LAURENCE. — Mais elle ne veut pas en entendre parler.

ÉTIENNE. — Raison de plus : c'est qu'elle en a peur. Elle sent son maître. Judas est frappé ; il a juré qu'elle serait sa femme de gré ou de force, et il lui tiendra parole, je vous en réponds. Regardez, il est en bas, dans sa voiture ; je lui ai conté notre petit secret, et à nous trois, nous allons commencer un siége en règle. L'ennemi est sous les murs. Puis-je compter sur toute votre affection ?

LAURENCE. — Vous le savez bien.

ÉTIENNE. — Judas va venir tout à l'heure. Acceptez toutes les situations, et ne vous étonnez de rien.

LAURENCE. —Ah! Étienne, j'ai bien peur de mal jouer mon rôle.

ÉTIENNE. — Vous le jouerez très-bien.

LAURENCE. — Vous le voulez?

ÉTIENNE. — Notre mariage est à ce prix... Et puis, qui donc protégerait les amoureux, s'ils ne se prêtaient pas un peu main-forte les uns aux autres?

LAURENCE. — J'essayerai.

ÉTIENNE. — Merci, Laurence, et soyez sans crainte. Il lui baise la main.)

(La marquise paraît au fond.)

SCÈNE IV

ÉTIENNE, LAURENCE, LA MARQUISE.

LA MARQUISE, survenant. — Je vous y prends enfin.

ÉTIENNE. — Ma cousine, je vous souhaite...

LA MARQUISE. — ... Une bonne et heureuse année, toutes sortes de prospérités, une parfaite santé et le paradis à la fin de mes jours; c'est toujours la même chose, et vous pouvez m'embrasser.

ÉTIENNE, l'embrassant. — Voilà deux baisers larges comme des écus de six livres... Les trouvez-vous assez inoffensifs?

LA MARQUISE. — Je les prends comme ils sont, et je vous souhaite une étude de notaire. Au besoin, j'aiderai le destin...

ÉTIENNE. — ... Qui m'a fait naître pauvre, hélas! Ah! si j'étais né dans l'opulence, comme tant d'autres...

LA MARQUISE. — Qu'est-ce que vous feriez?

ÉTIENNE. — Je me marierais tout de suite.

LA MARQUISE. — Ne dites donc plus de choses ridicules, et tâchez d'abord de ne pas vous rendre intéressant. Pourquoi engraissez-vous comme cela? Quand on est amoureux, on devrait au moins avoir la délicatesse de maigrir un peu.

ÉTIENNE. — L'amour est si bizarre.

LA MARQUISE. — Que faisiez-vous en mon absence? Vous en avez sans doute profité pour vous faire des serments?

ÉTIENNE. — Hélas!... le 1er janvier...

LA MARQUISE. — Auriez-vous embrassé Laurence, par hasard?

ÉTIENNE. — Hélas!...

LA MARQUISE. — Vous l'avez embrassée?

ÉTIENNE. — Hélas!

LA MARQUISE, regardant la main de Laurence. — Quelle est cette bague ? Vous lui avez donné une bague ?

ÉTIENNE. — Hélas !

LA MARQUISE. — *Hélas !* Que c'est donc joli : *Hélas !* Qu'est-ce qu'un clerc de notaire qui dit toujours : *Hélas !* Non content d'être gras comme un mouton qui a eu un prix à l'exposition, voilà que vous imitez son bêlement poétique... Et vous, Laurence, vous lui avez donné la permission de vous embrasser ?

LAURENCE. — Hélas !

LA MARQUISE. — Et vous avez accepté cet anneau ?

LAURENCE. — Hélas !

LA MARQUISE. — Vous aussi, vous allez dire : *Hélas !* maintenant ? La première fois qu'Étienne fera de pareilles sottises, je lui retire mon affection et je le consigne à ma porte... Entendez-vous, Étienne ?

ÉTIENNE. — Oui, ma cousine ; j'invoque les circonstances atténuantes.

LA MARQUISE. — Je croyais que vous alliez encore me répondre : *Hélas !* Je vous sais gré de varier vos réponses. (Elle passe une chaîne au cou de Laurence.) Voici pour vous, Laurence. (A Étienne.) Quant à vous, maître Étienne, si vous voulez me faire un souhait agréable, souhaitez-moi d'être délivrée, cette année et les suivantes, des ridicules petits carrés de carton de votre ami, monsieur Judas.

ÉTIENNE, tirant son portefeuille. — A propos, ma cousine, il m'a chargé de vous remettre sa carte.

LA MARQUISE. — Étienne, nous allons nous brouiller.

ÉTIENNE. — Voyons, ma cousine, un parent... mon ami... le jour de l'an...

LA MARQUISE. — Quelle torture!... Mais que voulez-vous que j'en fasse, de ses cartes? J'en ai déjà reçu une ce matin. Il en pleut chez moi; c'est un déluge, et pour peu que cela continue quarante jours, la maison en sera inondée de la cave au grenier... Qu'est-ce que vous portez donc là sous le bras?

ÉTIENNE. — Rien, c'est un rouleau.

LA MARQUISE, très-vite. — Je le vois bien. Est-ce un inventaire, un testament, un contrat de mariage ou un bâton de sucre de pomme?

ÉTIENNE. — C'est...

LA MARQUISE. — C'est... Mon Dieu, je n'aurais jamais cru les notaires si mystérieux.

(Elle prend le rouleau et le déroule.)

ÉTIENNE, à part. — Je m'étonne qu'étant si curieuse, elle n'ait jamais voulu recevoir Judas.

LA MARQUISE. — C'est une *Mappe-Monde.* .

ÉTIENNE. — Oui, ma cousine, c'est un cadeau qu'on m'a fait ce matin.

LA MARQUISE. — Vous êtes donc allé chez un géographe?

ÉTIENNE. — Pas précisément.

LA MARQUISE. — Que signifient ces lignes rouges qui courent d'une ville à l'autre?... Des tracés de chemins de fer?

ÉTIENNE. — Mon Dieu, non,. ce sont des lignes qui... que...

LA MARQUISE. — Qui-que-quoi? Que vous êtes impatientant. Parlez donc.

ÉTIENNE. — C'est une carte pointée des voyages de Judas.

LA MARQUISE. — Étienne?

ÉTIENNE. — C'est vous qui m'avez interrogé, cette fois.

LA MARQUISE. — Eh bien! faites-moi le plaisir, une fois pour toutes, de rayer ce nom-là de votre dictionnaire. Il sonne faux.

ÉTIENNE. — Très-faux. Mon indigne ami va vous faire un procès.

LA MARQUISE. — Un procès? à moi? et pourquoi, je vous prie?

ÉTIENNE. — Vous avez hérité, il y a trois ans, d'une propriété de votre oncle Jean, dont la moitié appartient à Judas indivisément.

LA MARQUISE. — Je le sais bien.

ÉTIENNE. — Judas réclame sa moitié.

LA MARQUISE. — Comment voulez-vous que je lui donne la moitié du château, du parc, et des dépendances de Pierrefonds? On le fera estimer, et je lui payerai sa part.

ÉTIENNE. — Cela pourrait s'arranger, mais Judas veut faire vendre.

LA MARQUISE. Faire vendre Pierrefonds, où j'ai été élevée! je ne le veux pas!

ÉTIENNE. — Il y a été élevé aussi, et il y tient.

LA MARQUISE. — Cela m'est égal, je garde Pierrefonds.

ÉTIENNE. — Il y a l'article 815.

LA MARQUISE. — Je me moque de l'article 815, je ne le connais pas.

ÉTIENNE. — « *Nul n'est censé ignorer la loi.* »

LA MARQUISE. — On ne le vendra pas.

ÉTIENNE. — Vous pourriez l'acheter, mais Judas surenchérira.

LA MARQUISE. — Comment? On m'enlèvera Pierrefonds? On peut me forcer à vendre Pierrefonds?

ÉTIENNE. — Demain, article 815, attendu que « *nul n'est contraint à demeurer dans l'indivision.* »

LA MARQUISE. — J'y veux rester, moi.

ÉTIENNE. — Judas ne veut pas... Si vous le receviez, peut-être qu'en causant ensemble...

18.

LA MARQUISE. — Étienne?...

ÉTIENNE. — Ma cousine, je vous demande pardon. (Il tire sa montre.) Alors vous êtes bien décidée au procès?

LA MARQUISE. — Ah! quelle horrible chose que les lois! (Étienne prend son chapeau.) Eh bien! vous partez, quand j'ai le plus besoin de vos conseils?

ÉTIENNE. — Je ne puis rien vous conseiller; l'article 815 est formel : « *Attendu que nul n'est contraint...* »

LA MARQUISE. — Oui, oui, oui, je le sais par cœur, votre article 815... Le code est une belle invention !

ÉTIENNE — Il est vrai que le code n'est pas réjouissant, et j'en sais quelque chose. Je vous demanderai la permission de prendre congé; Judas est en bas, et je n'ai qu'une demi-heure. Il fait un froid de loup, il tombe de la neige; un temps à ne pas laisser un cousin à la porte, ma parole d'honneur.

LA MARQUISE. — L'esprit du notariat parle par votre bouche... Votre ami peut geler, s'il le veut. Restez, je vais vous apporter mes titres de propriété.

ÉTIENNE. — Mais, ma cousine, vous ne connaissez pas Judas. Regardez ma montre, l'aiguille marche ; la demi-heure passée, il n'attendra pas plus de cinq minutes, et si je ne l'ai pas rejoint...

LA MARQUISE. — Qu'arrivera-t-il?

ÉTIENNE. — J'ai peur qu'il ne vienne me chercher jusqu'ici.

LA MARQUISE. — Par exemple ! Vous examinerez mes titres. Votre ami Judas n'aura pas Pierrefonds, dussé-je y laisser toute ma fortune. Attendez-moi un instant. (Elle sort à gauche.)

UN DOMESTIQUE, entrant, à Étienne. — Monsieur, quelqu'un attend dans l'antichambre et désire vous parler.

ÉTIENNE. — Faites entrer.

LE DOMESTIQUE, annonçant. — M. le comte Judas de Pierrefonds. (Exit.)

SCÈNE V

LAURENCE, ÉTIENNE, LE COMTE, entrant.

ÉTIENNE. — Ma cousine va rentrer. Je ne réponds de rien. Tire-toi de là comme tu pourras ; mais ne me trahis pas.

LE COMTE, à lui-même. — J'aime mieux être mis à la porte que de me morfondre sous ses fenêtres ou dans son antichambre.

ÉTIENNE. — J'entends ma cousine ; je me sauve dans la serre. L'ennemi est dans la place. Venez, Laurence. (Ils sortent au fond.)

SCÈNE VI

LE COMTE, LA MARQUISE.

LA MARQUISE, entrant à gauche, sans apercevoir le comte.—Voici mes titres, et dites bien à votre ami, M. Judas... (Apercevant Judas.) Monsieur!... (Le comte s'incline. A part.) Est-ce qu'il est muet ?

LE COMTE. — Madame, le comte Judas de Pierrefonds a l'honneur de vous présenter ses vœux de nouvelle année.

LA MARQUISE. — Monsieur, votre qualité de voyageur me dispense de remarquer l'infraction que vous venez de faire à nos mœurs françaises.

LE COMTE. — Il est vrai, madame, que je suis étranger, mais je croyais les connaître. Le jour de mon arrivée à Paris, j'avais pensé que mon nom suffirait seul pour me donner, sinon l'entrée de votre maison, du moins le droit de me présenter.

LA MARQUISE. — J'étais absente, monsieur.

LE COMTE. — Vous n'étiez peut-être pas visible, mais assurément vous n'étiez pas absente, car je vous ai vue sortir. J'ai donc attendu une seconde occasion favorable pour renouveler ma visite.

LA MARQUISE. — Il est du moins dans nos usages de se faire annoncer.

LE COMTE. — J'ai été annoncé, madame.

LA MARQUISE, à part. — Étienne. (HAUT.) J'avais fait dire que je ne recevais pas aujourd'hui.

LE COMTE. — Cet ordre était pour moi seul, sans doute car mon ami était ici lorsque je suis entré.

LA MARQUISE. — C'est mon parent, monsieur.

LE COMTE. — Je partage cet honneur, madame.

LA MARQUISE. — En effet, vous me le rappelez, et je ne devrais pas l'oublier, car j'ai appris ce matin que vous étiez sur le point de me faire un procès.

LE COMTE. — Vous m'êtes témoin, madame, que j'ai fait deux tentatives pour éviter entre nous un rapprochement à la barre des tribunaux, et je vous prie d'excuser ma démarche en faveur de l'intention.

(Il s'incline et fait un pas en arrière.)

LA MARQUISE. — Monsieur, puisque l'occasion se présente, si vous le voulez bien, nous causerons de Pierrefonds.

(Le comte s'incline de nouveau, et s'assied au coin du feu.)

LE COMTE, à part. — Elle faiblit, soyons brutal.

LA MARQUISE, à part. — Le début promet. (s'asseyant.) Monsieur?...

LE COMTE. — Madame?...

LA MARQUISE. — Vous avez fait deux fois le tour du monde, à ce que j'ai entendu dire?

LE COMTE. — Oui, madame.

LA MARQUISE. — Et dans quel pays les hommes oublient-ils le respect qu'on doit à une femme, au point de s'asseoir devant elle sans en attendre l'invitation?

LE COMTE. — Madame, je ne connais pas de pays où les femmes soient respectées. Comme tous les voyageurs, j'ai pris les habitudes des peuples que je visitais, et j'ai toujours dû considérer les femmes comme des esclaves, des servantes, des meubles, des marchandises ou des joujoux.

LA MARQUISE, à part. — Il est tout à fait charmant, je suis ravie. (Haut.) A ce que je vois, vous n'avez jamais voyagé en France?

LE COMTE. — Pardonnez-moi : la France a été le premier pas de mes voyages; c'est peut-être le pays le plus inconnu des Français, et dont on se soit le moins occupé. Nous allons bien loin chercher des déserts, des forêts, des montagnes et des mers que nous trouverions chez nous; étudier des mœurs, des usages et des coutumes qui ne valent pas les nôtres, et courir après des bonheurs que nous avons sous la main. Puis, un jour,

on s'en revient, bronzé par le soleil, l'œil éteint et fati-
gué, l'esprit indifférent et le cœur vide.

LA MARQUISE. — Et la situation des femmes, en France,
ne vous semble-t-elle pas meilleure que chez les autres
nations?

LE COMTE. — Pire, madame.

LA MARQUISE. — C'est que vous n'avez pas pris la peine
de bien observer.

LE COMTE. — Je ne crois pas m'être trompé. Les Français sont légers en apparence, je les trouve sérieux,
égoïstes et calculateurs jusque dans leurs plaisirs. Leur
politesse et leur grâce tant vantées sont l'arme dont ils
se servent le mieux avec les femmes. Ils leur débitent
mille futilités charmantes, comme on donne des pralines
aux enfants; ils s'en amusent comme du plus joli jou-
jou, inventé pour les distraire et les délasser de leurs
occupations graves; ils causent avec elles comme avec
des poupées parlantes. Ils paraissent leur avoir voué un
culte, mais ils ne sacrifient que sur l'autel du plaisir,
et leurs froides passions ne dépassent guère les propor-
tions des amours de tête. Leurs mariages sont souvent
des spéculations, quelquefois des infamies, et leurs lois
n'accordent pas même à la femme le droit des esclaves,
qui peuvent en appeler au juge pour changer de maître.

LA MARQUISE. — Toutes les femmes n'ont pas un
maître.

LE COMTE. — Celles-là sont encore les plus malheu-

reuses et les plus persécutées, parce qu'elles sont sans
défense. La preuve en est que, l'expérience acquise, elles
finissent presque toutes par se remarier.

LA MARQUISE. — J'en connais qui savent se mettre à
l'abri de la persécution, et qui se trouvent très-heureuses de leur liberté.

LE COMTE. — Elles se croient très-heureuses, mais ce
bonheur n'est pas de longue durée. Elles ont beau ré-
pandre leur affection sur ceux qui les entourent, elles
ne font que trahir par là les sourdes inquiétudes de leur
âme qui a besoin d'épuiser toute sa tendresse et de se
dévouer. Elles se croient très-heureuses en échappant à
leur destinée et à la loi commune, jusqu'au jour où elles
s'aperçoivent qu'elles ont pris leur isolement pour la
liberté, l'affection pour l'amour, et l'engourdissement du
cœur pour le bonheur qui passait à côté d'elles et qu'elles
n'ont pas vu, ou qu'elles ont repoussé comme on écarte
du pied la pierre du chemin. (Il allume un cigare.)

LA MARQUISE. — Vous parlez comme un livre, monsieur. Et dans quel pays fume-t-on devant les femmes ?

LE COMTE. — Chez les Orientaux, madame.

LA MARQUISE. — Nous sommes en Occident, si je ne
me trompe... Sommes-nous bien en Occident ?

LE COMTE.—Oui, madame, sous le 48ᵉ degré de latitude. On fume aussi chez presque tous les peuples occi-
dentaux.

LA MARQUISE. — Et on vous a dit qu'on fumait dans les salons de Paris?

LE COMTE. — Je crois que l'usage du cigare n'y est pas encore général, mais j'ai lu qu'il était toléré depuis qu'une femme célèbre avait dit : « *Il faut choisir entre le cigare et la solitude ; j'ai choisi le cigare.* »

LA MARQUISE. — Il me semble que je choisirais la solitude.

LE COMTE, jetant son cigare dans la cheminée. — Veuillez m'excuser, madame, c'est la première fois que j'entre dans un salon depuis mon arrivée.

LA MARQUISE. — Mon Dieu, vous auriez pu achever votre cigare, puisque vous l'aviez commencé; l'odeur en est parfumée, et je ne croyais pas que je la supporterais presque avec plaisir. Mais j'oublie que je voulais vous parler de Pierrefonds.

LE COMTE. — Ah ! madame, c'est un rêve de bonheur.

LA MARQUISE. — Vous vous rappelez Pierrefonds?

LE COMTE. — J'y ai passé toute mon enfance, et mon premier pèlerinage, en arrivant en France, a été pour Pierrefonds. J'ai vu le Bosphore au lever du soleil, j'ai parcouru les forêts vierges du nouveau monde, j'ai franchi les montagnes, les déserts et les océans, j'ai assisté aux guerres de l'Inde et senti le sol du Mexique trembler sous mes pieds; mais rien de tout cela ne m'a donné l'émotion puissante qui a remué mes entrailles lorsque j'ai revu *mon* vieux château tout rose au lever du soleil, entouré de sa petite rivière comme d'une ceinture, son horizon de montagnes bleues, ses grands arbres et ses longues prairies.

LA MARQUISE, à part. — Il en parle comme s'il était à lui. (Haut.) Vous êtes poétique, comte.

LE COMTE. — Je mérite ce reproche, madame ; les voyageurs deviennent enfants, et, quand ils parlent, ils paraissent naïfs ou ridicules aux habitants des villes.

LA MARQUISE. — Non, j'aime à entendre parler ainsi de Pierrefonds.

LE COMTE. — Je vous y ai vue une fois. Vous aviez alors neuf ans.

LA MARQUISE. — Vous savez mon âge ?

LE COMTE. — Oui, madame.

LA MARQUISE. — Vous m'épargnez un mensonge, et je vous remercie.

LE COMTE. — Je croyais que les femmes disaient volontiers leur âge jusqu'à vingt-cinq ans.

LA MARQUISE. — Quelques-unes. Veuillez continuer.

LE COMTE. — C'était un soir, dans le grand salon de réception, que je vous ai vue. On vous avait amenée, la veille de mon départ, parce que notre oncle Jean avait besoin de voir autour de lui de jeunes têtes sourire à sa vieillesse.

LA MARQUISE. — Je l'aimais bien, mon oncle Jean.

LE COMTE. — Vous portiez ce jour-là un petit chapeau plat avec une touffe de plumes noires, une robe blanche et un petit manteau de velours violet doublé de satin. Vous étiez si belle avec vos grands yeux bleus étonnés, votre jeune front, votre bouche mutine, vos joues roses et vos petits bras nus, que je vous assis sur mes genoux ; et, quand je vous eus bien embrassée, mon oncle vous prit dans ses bras, en disant : « C'est à mon tour, maintenant, tu as assez reçu de baisers de Judas. »

LA MARQUISE. — Ah! oui, c'est un mot qu'il aimait à dire, et il parlait souvent de vous. Quelle singulière idée a-t-on eue de vous appeler Judas?

LE COMTE. — Je suis né en mer. Mon père s'était lié à bord avec le capitaine du navire, qui était le douzième enfant d'une famille dont les onze premiers avaient reçu chacun le nom d'un apôtre; on l'appela *Judas*, et ses marins ne le connaissaient que sous le nom du *capitaine Judas*. Comme il n'avait pas d'enfant, il pria mon père de me baptiser sous ce nom pour le perpétuer, et il fut mon parrain.

LA MARQUISE. — Votre histoire doit être singulière, et vous devez avoir épuisé toutes les émotions humaines.

LE COMTE. — Excepté une.

LA MARQUISE. — Laquelle ?

LE COMTE. — L'amour.

LA MARQUISE. — Comment? Vous n'avez jamais aimé ?

LE COMTE. — Jamais, madame.

LA MARQUISE. — Et vous n'avez jamais essayé d'aimer?

LE COMTE. — J'ai essayé deux cents fois environ.

LA MARQUISE. — Deux cents fois! cela dépasse les bornes de la plaisanterie.

LE COMTE. — J'ai voyagé quinze ans... une moyenne d'un essai par mois, tout au plus.

LA MARQUISE, à part. — Tout au plus. (Haut.) Et vous vous rappelez les noms?

LE COMTE, tirant un étui de sa poche. — Toute mon histoire tient dans ce carnet, dont les feuillets portent une lettre alphabétique... F... Femmes : *blanches*, 160 ; *jaunes*, 24. *noires*, 17 : les blanches dominent, comme vous voyez.

LA MARQUISE. — Et quelle est la plus grande émotion de votre vie?

LE COMTE. — Pierrefonds...

LA MARQUISE. — Je veux dire de vos voyages?

LE COMTE. — De mes voyages? C'est *Chamois*.

LA MARQUISE. — Qu'est ce que c'est que *Chamois*?

LE COMTE. — Un chien de Terre-Neuve noir, à tête blanche, que mon oncle m'avait donné... Pauvre *Chamois!*

LA MARQUISE. — Que lui est-il arrivé?

LE COMTE. — *Chamois*, madame, était le modèle de sa race, et il aurait honoré la philosophie, si le ciel lui eût accordé le don de la parole. Supportant le chaud et le froid, la faim et la soif, *Chamois* vivait en bonne intelligence avec les hommes de tous les pays et de toutes les couleurs, les maîtres, les esclaves et les sauvages, les chevaux, les éléphants et les chameaux, prêt à mourir pour le premier venu. Un jour que nous longions les bords du Missouri, je l'ai vu enlever presque sous mes yeux par un crocodile. J'ai tué le crocodile, mais *Chamois* était mort.

LA MARQUISE. — Pauvre *Chamois*... Avez-vous tué des lions?

LE COMTE. — Non, madame ; j'ai tué des tigres et des panthères, mais je n'aime pas les tueurs de lions.

LA MARQUISE. — Et pourquoi?

LE COMTE. — Parce que c'est un combat où l'homme s'embusque pour assassiner un noble adversaire. Ce n'est pas un beau duel ; mais il vaut encore mieux assassiner un lion que d'emprisonner toute sa beauté, toute sa force et toute sa liberté dans les douze pieds carrés de votre Jardin des Plantes.

LA MARQUISE. — Ils aiment pourtant bien les gâteaux... Vous avez vu de vrais sauvages?

LE COMTE. — J'ai vécu avec eux.

LA MARQUISE. — On dit qu'ils mangent de la chair humaine... Est-ce vrai?

LE COMTE. — On a fait des récits très-exagérés sur ces pauvres cannibales. Lors de mon séjour en Australie, je crois qu'on a mangé un missionnaire... mais c'était à la suite d'un malentendu.

19.

LA MARQUISE. — Quelle horreur ! Et vous avez vu cela ?

LE COMTE. — J'en ai mangé.

LA MARQUISE. — Ah!

LE COMTE. — On se crée des idées fausses sur les choses; je ne l'ai su qu'après dîner, et je vous assure que, grillée convenablement...

LA MARQUISE. — Ah! de grâce, monsieur, revenons à Pierrefonds.

LE COMTE. — Je ne demande pas mieux.

LA MARQUISE. — Tenez-vous toujours beaucoup à me faire un procès?

LE COMTE. — Je n'y tiens pas le moins du monde, je vous l'assure.

LA MARQUISE. — Si vous voulez vous entendre avec Étienne, vous fixerez vous-même les conditions, et je les accepte d'avance.

LE COMTE. — Quelles conditions, je vous prie?

LA MARQUISE. — Les conditions de l'article 815.

LE COMTE. — L'article 815? Je ne connais pas d'article 815. Où est l'article 815?

LA MARQUISE. — Dans le code, à ce que prétend Étienne.

LE COMTE. — Et que dit l'article 815?

LA MARQUISE. — Je n'en sais plus rien... Étienne m'a

dit qu'en vous remboursant votre part, je pourrais garder Piérrefonds.

LE COMTE. — J'avais précisément, de mon côté, la même proposition à vous faire.

LA MARQUISE. — Abandonner Pierrefonds! C'est toute mon enfance, et je ne veux pas la vendre.

LE COMTE. — C'est la mienne aussi, madame.

LA MARQUISE. — Ah! vous n'aimez pas Pierrefonds comme je l'aime.

LE COMTE. — Je n'aime que Pierrefonds; j'aurais donné tous les plus sublimes spectacles pour le voir cinq minutes... Savez-vous à combien est estimée cette propriété? Trois cents misérables mille francs, pas un denier de plus : c'est une insulte à Pierrefonds.

LA MARQUISE. — Et si je ne vous l'abandonne pas, vous le ferez mettre en vente?

LE COMTE. — Demain. Je l'achèterai, puisque je n'ai que ce moyen de l'obtenir.

LA MARQUISE. — Moi aussi.

LE COMTE. — Je surenchérirai.

LA MARQUISE. — Moi aussi.

LE COMTE. — Nous verrons bien.

LA MARQUISE. — J'y perdrai plutôt la moitié de ma fortune.

LE COMTE. — Et moi la mienne.

LA MARQUISE. — La mienne aussi tout entière... Mais, pardon, monsieur, je crois que vous êtes très-riche?

LE COMTE. — Relativement, oui, madame, je suis assez riche.

LA MARQUISE. — Plus riche que moi?

LE COMTE. — C'est possible; j'ai fait un peu de commerce dans les îles.

LA MARQUISE. — Vous comprenez que c'est une question très-importante dans une guerre où les billets de banque sont les armes courtoises.

LE COMTE. — J'ai une bonne armée, et régulière.

LA MARQUISE. — Y aurait-il de l'indiscrétion à vous demander le chiffre de vos soldats?

LE COMTE.— Depuis quinze ans, ma fortune, en France, a doublé par les intérêts capitalisés, et, tant en valeurs qu'en propriétés, elle peut se monter à sept cent mille francs.

LA MARQUISE. — Alors, je puis vous disputer Pierrefonds.

LE COMTE. — Pardonnez-moi, mais j'ai encore quelque chose à la banque d'Angleterre.

LA MARQUISE. — J'ai des bijoux, des diamants, je vendrai tout, et j'aurai Pierrefonds.

LE COMTE. — C'est que j'ai cinq cent mille francs à la banque d'Angleterre.

LA MARQUISE. — Ah! mon Dieu! Cinq cent mille francs!

LE COMTE. — Et une petite plantation à la Havane, estimée huit cent mille francs, les esclaves compris.

LA MARQUISE. — Comment, monsieur, vous dites que vous avez des esclaves!

LE COMTE. — Une centaine tout au plus, mais qui croissent et multiplient; cela vaut de l'argent.

LA MARQUISE. — Sont-ce là les armes avec lesquelles vous allez me disputer Pierrefonds! C'est indigne d'un Français!

LE COMTE. — Je suis né sur l'Océan.

LA MARQUISE. — Vous êtes un barbare. Des esclaves! Vous n'avez donc pas lu *la Case de l'Oncle Tom?*

LE COMTE. — C'est un livre assez banal et plein de bonnes intentions; madame Harriet Bechter Stowe m'en a donné un exemplaire de sa main. Cette plantation est l'héritage de mon parrain, le *capitaine Judas,* qui m'a institué son légataire universel. Après sa mort, mû par un beau sentiment abolitioniste et humanitaire, j'ai voulu affranchir mes esclaves.

LA MARQUISE. — Eh bien?

LE COMTE. — Le capitaine Judas leur avait rendu l'esclavage si doux, qu'à cette nouvelle ils se jetèrent à mes genoux, fondant en larmes et me disant : « *Fils du ca-* » *pitaine blanc, bon père à nous, pas chasser nous de sa* » *case, et nous travailler mieux qu'hommes libres.* » Voilà

la triste vérité, madame ; c'est l'histoire des oiseaux pri-
sonniers. Ils se sauvent de leur cage quand on la laisse
ouverte, et, ne sachant ni l'usage de la liberté, ni pour-
voir à leurs besoins, ils reviennent une heure après
voltiger autour des barreaux et solliciter l'esclavage.

LA MARQUISE, avec un soupir. — Eh bien ! monsieur, je
vois qu'il est inutile de faire vendre Pierrefonds, et,
puisque je ne pourrais vous le disputer, je vous l'abandonne.

LE COMTE, à part. — A l'abordage, (Haut.) Madame, tout
peut se concilier, et vous garderièz Pierrefonds.

LA MARQUISE. — Comment, monsieur, vous consen-
tiriez ?...

LE COMTE. — J'aurais toujours ma part.

LA MARQUISE. — Par quel moyen ?

LE COMTE. — Le plus simple de tous et le plus facile.
Accordez-moi la même faveur qu'à Étienne, en me donnant le privilége de faire ma cour.

LA MARQUISE, froidement. — Il est une chose que vous
ignorez peut-être, monsieur, c'est que j'ai fait le serment de ne jamais me remarier.

LE COMTE. — Je le sais, madame.

(La marquise se lève.)

(A part.) — Allons, je suis allé trop vite. Tout est
perdu, je brûle mes vaisseaux. (Haut.) Madame, vous

m'avez mal compris, ou plutôt je n'ai pas eu le temps d'exprimer clairement ma pensée.

LA MARQUISE. — Il me semble, au contraire, qu'on ne saurait poser plus clairement des préliminaires de mariage... La parenté a ses franchises, mais il est certaines limites qu'elle ne doit pas dépasser.

LE COMTE. — Mon Dieu, madame, la confidence que je voulais vous faire est d'une nature tellement délicate...

LA MARQUISE. — J'ignore, en vérité, ce que vous pouvez avoir à ajouter, et après ce que vous m'avez dit, je suis prête à entendre ce qu'il vous plaira.

LE COMTE. — Eh bien, madame, pardonnez à ma brutalité, en sollicitant la faveur de faire ma cour, cette demande ne s'adressait pas à vous.

LA MARQUISE. — A qui donc, monsieur, je vous prie ?

LE COMTE. — A mademoiselle Laurence.

LA MARQUISE, à part. — Il a une façon tranquille de dire les choses les plus extravagantes qui me bouleverse.

LE COMTE. — J'ai été touché de sa grâce et de sa beauté; et ce que j'ai pu apprendre de son caractère m'a fait désirer de lui être présenté. Comme elle est orpheline, j'ai cru devoir vous consulter avant d'en exprimer le vœu à votre protégée.

LA MARQUISE. — Vous parlez sérieusement, monsieur?

LE COMTE. — Très-sérieusement.

LA MARQUISE, à part. — Décidément, il est effrayant. (Haut.) Je vois qu'en effet je vous avais mal compris, et vous auriez pu m'éviter des réponses inutiles.

LE COMTE. — Madame.......

LA MARQUISE. — Je vous avoue cependant que je ne vois pas comment cette union pourrait concilier nos prétentions sur Pierrefonds.

LE COMTE. — J'avais supposé que vous ne voudriez pas vous séparer de cette jeune fille, élevée par vos soins, et que, me connaissant mieux, et sans prendre ombrage de ma présence, vous m'auriez admis à l'honneur d'être de vos amis ou de votre famille.

LA MARQUISE. — Vous avez deviné juste, monsieur, mais j'ai lieu d'être étonnée d'une passion si subite à la première entrevue.

LE COMTE. — Ce n'est pas aujourd'hui la première fois que je vois la femme à qui j'offrais tout à l'heure ma vie en partage. J'ai senti bientôt que ma destinée était liée à la sienne, et je suis prêt à tout tenter pour obtenir un peu de son affection en échange de la mienne entière.

LA MARQUISE. — Et si elle ne vous aime pas?

LE COMTE. — Je tâcherai de la fléchir.

LA MARQUISE. — Et si elle vous repousse?

LE COMTE. — Je souffrirai ; mais j'aurai la patience et le dévouement le plus absolu.

LA MARQUISE. — Malgré elle ?

LE COMTE, s'animant un peu. — Malgré moi-même. C'est la première fois que j'aime, ma passion est de celles qui ne pardonnent pas, et je sens que je n'en suis plus maître, ni elle non plus.

(Un silence.)

LA MARQUISE. — Mademoiselle Laurence n'a pas de dot.

LE COMTE. — Madame de Maintenon n'en avait pas non plus : — « *Un beau corsage, deux grands yeux très-mutins,* » *une belle paire de mains, et quatre louis d'or.* » Voilà ce qu'elle apportait en dot à Louis XIV qui la fit reine de France, et je serais très-fâché qu'on m'en apportât davantage.

LA MARQUISE. — Ces paroles sont d'un bon gentil-homme.

LE COMTE. — Je tiens de famille, madame.

LA MARQUISE. — Puisque cette dernière raison est sans valeur, une autre sera peut-être plus puissante. Je crois que mademoiselle Laurence est aimée par quelqu'un.

LE COMTE. — Etienne ?

LA MARQUISE. — Oui, monsieur.

LE COMTE. — Je me mets sur les rangs, et j'ose vous confier le soin de ma demande.

LA MARQUISE. — Etienne aime Laurence, et il est votre ami.

LE COMTE. — J'aime comme lui, et je ne suis pas son ami.

LA MARQUISE. — Etienne est loyal et vous est dévoué, je puis vous l'affirmer.

LE COMTE. — On a fait de l'amitié un mot vide de sens. Quand bien même il m'aurait offert son toit, sa fortune et sa vie, ce ne serait pas une raison pour lui donner le titre d'ami. Un étranger, sans même être tenu à de la reconnaissance, peut demander de pareils services au désert, ou chez les sauvages.

LA MARQUISE, à part. — Quel homme singulier. (Haut.) Puisque vous le voulez, monsieur, je vais interroger Laurence.

(Elle sonne, un domestique paraît.)

Priez mademoiselle Laurence de venir me parler. (Le domestique sort.) Pauvre comte; deux refus en un jour. Pour un millionnaire, c'est vraiment désastreux.

LE COMTE, à part. — Je dois avoir une sotte figure.

SCÈNE VII

LA MARQUISE, LAURENCE, sur le devant de la scène,
ÉTIENNE, LE COMTE, causant au fond.

LA MARQUISE — Laurence, pensez-vous toujours à vous marier?

LAURENCE. — Oui, madame. (A part.) Étienne avait raison, elle a trouvé son maître. Quel bonheur!

LA MARQUISE. — Que répondriez-vous si un honnête homme, noble, et qui a cent mille livres de rente, recherchait votre main? Le comte Judas de Pierrefonds, par exemple?

LAURENCE. — Madame...

LA MARQUISE. — Vous hésiteriez?

LAURENCE, avec tranquillité. — Non, madame, je n'hésite pas, j'accepte.

LA MARQUISE. — Vous oubliez Étienne?

LAURENCE. — Oui, madame.

LA MARQUISE. — Vous mentez bien mal, Laurence. Jusqu'ici, je vous ai toujours traitée comme un enfant ..

LAURENCE, vivement. — Comme une sœur.

LA MARQUISE. — Et je vous pardonne le chagrin que vous me causez en ce moment.

LAURENCE, rougissant. — C'est Étienne qui m'a dit d'accepter toutes les situations.

LA MARQUISE. — Je suis bien aise de le savoir. Si c'est ainsi qu'il prétend me prouver son affection, je lui ferai payer cher sa première tentative.

LAURENCE. — Vous êtes fâchée... Si vous saviez combien le comte vous aime.

LA MARQUISE. — Mais, en vérité, je suis confondue. Vous défendez le comte, à présent?... Il m'importe assez peu de savoir s'il m'aime ou s'il ne m'aime pas... Je vous pardonne encore cette fois, Laurence, mais voilà un commencement d'année qui nous portera malheur.

(Laurence sort. — Le comte et Étienne descendent la scène.)

LE COMTE. — Étienne?

ÉTIENNE. — Mon ami?

LE COMTE. — Tu veux être notaire à Paris, et épouser mademoiselle Laurence?

ÉTIENNE. — Un rêve.

LE COMTE. — Ton rêve marchera dans huit jours.

ÉTIENNE. — Merci, Judas. Et toi?

LE COMTE. — Moi? Cette épreuve me suffit; j'ai perdu la partie et j'abats le jeu. Voici ta cousine, laisse-nous seuls.

(Étienne sort.)

SCÈNE VIII

LA MARQUISE, LE COMTE.

LA MARQUISE vient s'asseoir au coin du feu, en face du comte, et le regarde. — Eh bien ! cher comte et cousin, vous jouez de bonheur.

LE COMTE. — Madame et cousine, j'aime les situations franches, et celle-ci ne saurait se prolonger davantage.

LA MARQUISE. — Je comprends... Étienne va être hors de lui... Pauvre garçon... Vous êtes beau et il est gras, vous êtes noble et il est vilain, vous avez le prestige de l'inconnu et on le sait par cœur, vous avez des millions et il est clerc de notaire. Quelle femme vous résiste-rait?

LE COMTE. — Madame...

LA MARQUISE. — J'entends... Vous voulez hâter votre mariage, et c'est trop naturel. Laurence vous plaît, vous lui plaisez aussi ; après tant de voyages et d'agitations, vous goûterez le bonheur dans les émotions calmes de la vie domestique et vous régnerez sur un cœur virginal qui vous appartiendra bien tout entier.

20.

LE COMTE. — Dans un mois, mademoiselle Laurence sera la femme de mon ami Étienne.

LA MARQUISE. — Et vous?

LE COMTE. — Moi? (Il réfléchit.) Je doublerai le cap Horn, si le vent est bon.

LA MARQUISE. — Comment? Vous me chargez du soin de votre demande, et pendant que je déploie tous les artifices de la diplomatie féminine pour la mener à bien, vous travaillez au mariage d'Étienne?

LE COMTE. — L'homme propose et dispose quelquefois.

LA MARQUISE. — Vous voulez railler, sans doute... Laurence vous aime... follement... Vous souriez?... Vous ne croyez donc pas aux coups de foudre?

LE COMTE. — Pardonnez-moi.

LA MARQUISE. — Eh bien? Laurence a été foudroyée, et en l'apprenant, j'ai failli moi-même en être foudroyée de surprise.

LE COMTE. — Madame...

LA MARQUISE. — Mon Dieu, c'est une chose bizarre; cela tient peut-être à votre aspect fatal... Vous avez l'air fatal...

LE COMTE. — Madame...

LA MARQUISE. — Pourquoi vous en défendre?... Cela tient peut-être aussi à votre œil calme et sombre... Vous ressemblez fort à un véritable héros de roman, sans parler de vos aventures.

LE COMTE. — Madame, depuis une heure, vous vous moquez de moi comme d'un enfant, comme d'un collégien, et je me sens enchaîné de tous côtés par des fils d'araignée. Vous avez l'esprit d'un ange et le cœur d'une Parisienne ; mais, s'il m'était permis de vous répondre, je vous dirais que les femmes savent qui les aime, et qu'il est une chose dont il ne faut pas railler : L'amour malheureux.

LA MARQUISE. —Vraiment, comte, êtes-vous si malheureux que vous en ayiez été réduit à forcer ma porte ? Pourquoi avez-vous forcé ma porte ?

LE COMTE. — Parce qu'elle m'était fermée.

LA MARQUISE. — Et pourquoi m'adresser, sous le couvert du nom d'une jeune fille, quelques phrases bonnes dans les comédies ?

LE COMTE. —J'aurais peut-être mieux fait de me taire, car je n'ai pas tout dit.

LA MARQUISE. — Vous me voyez toute disposée à vous écouter.

LE COMTE. — Eh bien, madame, j'use de votre gracieuse attention. Pour la première fois, en vous voyant, la folle idée de me marier se logea dans ma tête. Comme toutes les idées nouvelles à leur apparition, celle-là exerça de grands ravages ; puis, après avoir fait des sauts et des soubresauts, l'équilibre a fini par se rétablir dan ma pauvre cervelle, plus ballottée qu'une coquille de noix pendant la tempête. Voilà comment il se fait que je puis vous en parler aussi froidement aujourd'hui.

LA MARQUISE. — Je croyais que les passions tropicales duraient plus longtemps.

LE COMTE. — Les cendres seront toujours brûlantes... Tenez, madame, vous avez bien fait de prendre ma tentative de mariage comme une plaisanterie, car si le rêve insensé que j'avais poursuivi s'était'réalisé...

LA MARQUISE. — Eh bien ?

LE COMTE. — Vous auriez été la plus malheureuse des femmes.

LA MARQUISE. — Voilà de la franchise, à la bonne heure. Pourquoi ne le disiez-vous pas tout de suite ? Il ne s'agit que de s'entendre.

LE COMTE. — Je comptais peu sur ce moyen.

LA MARQUISE. — Et comment vous y seriez-vous pris pour me martyriser ?

LE COMTE. — Considérez quel sort vous était réservé : la vie parisienne, notre monde que j'ai quitté trop jeune, ont des exigences auxquelles je ne saurais plus me plier. Je suis chez moi dans toutes les parties du globe, excepté dans un salon.

LA MARQUISE. — Vous vous calomniez.

LE COMTE. — Mon Dieu, non; on contracte en voyage de si singulières habitudes. Par exemple, j'aurais fumé devant ma femme, et je l'aurais chargée du soin de mon narghilé.

LA MARQUISE. — Voilà tout ? Ensuite ?

LE COMTE. — Ensuite ? Je l'aurais menée comme mes esclaves... Ma volonté, cette volonté sans frein, habituée à lutter contre les hommes et les éléments, sur quoi se serait-elle exercée ? sur une pauvre fleur que ma main trop rude aurait brisée sur sa tige.

LA MARQUISE. — Et j'étais cette fleur débile ?

LE COMTE. — Vous étiez cette fleur débile.

LA MARQUISE. — Je l'échappe belle... Ah ! comte, combien je vous remercie de ces confidences. Mais, votre départ est-il bien sérieux ? Vous trouverez peut-être une fleur qui s'inclinera sous vos mortelles étreintes, comme disent les feuilletons.

LE COMTE. — Je suis décidé à partir.

LA MARQUISE. — Pour longtemps ?

LE COMTE. — Pour toujours.

LA MARQUISE. — Alors, comte, vous devriez me céder Pierrefonds ?

LE COMTE. — Pierrefonds ? Non.

LA MARQUISE. — Ah ! comte...

LE COMTE. — Pardonnez-moi, madame, j'oublie encore que je parle à une femme du monde et que je suis à Paris.

LA MARQUISE. — Voilà deux fois que vous me jetez ce

mot comme une injure, et je ne sais si je n'aimerais pas
mieux m'entendre traiter d'esclave, de meuble, de jouet
ou de marchandise, comme vous appelez les femmes. Mais
dites-moi, quelle éducation reçoivent-elles? Quel développement permet-on à nos étroits cerveaux? Quelles lois
nous protégent et nous défendent, nous qui vivons sous
la tyrannie de la force brutale, tempérée par la galanterie?
A quoi servons-nous, si ce n'est à offrir avec grâce une
tasse de thé, broder une bourse ou des pantoufles, lire
un journal de modes, sourire à des sottises, ou flatter la
vanité de l'homme qui nous tient à son bras, et dont
nous portons le nom comme une raison sociale? Que
nous ayons un cœur, qui s'en soucie? (une pause.) Quand
vous parlerez des femmes, rappelez-vous qu'au dedans
d'elles-mêmes, il y a une étincelle vive, une force secrète, une arme inconnue qui les met au-dessus de vos
injustes et souverains mépris.

LE COMTE. — Veuillez me pardonner, madame.

LA MARQUISE. — Eh quoi? Vous parlez de votre volonté
absolue, de votre volonté sans frein, de votre volonté
dominatrice, de votre volonté qui brise les fleurs dé-
biles? Où est-elle, votre volonté? Que peut-elle briser?
Rien, pas même cette porcelaine que j'ai gagnée à la
foire de Saint-Cloud... Essayez donc de briser ma porcelaine, si vous l'osez?

LE COMTE. — Je ne m'étais pas trompé.

LA MARQUISE. — Que voulez-vous dire?

LE COMTE. — Oui, je ne m'étais pas trompé, et je songeais que cette enveloppe délicate et nerveuse devait emprisonner une âme libre, fière et ardente, et qu'on ne vous aimerait plus si vous n'étiez pas ainsi. Laissez-moi donc vous admirer, puisque vous avez soulevé un coin du voile qui recouvre vos âmes mystérieuses et charmantes. Oui, vous illuminez le monde ! Il faut bien reconnaître que j'étais indigne de vous, puisque je n'ai rien su faire pour vous mériter, puisque rien de ce que j'avais ne vous portait envie.

LA MARQUISE. — Ah! vous vous trompez, comte, vous avez quelque chose que je vous envie depuis longtemps.

LE COMTE. — Quoi donc?

LA MARQUISE. — Une chose.

LE COMTE. — Je vous la donne.

LA MARQUISE. — Votre parole?

LE COMTE. — Elle est inutile.

LA MARQUISE. — Je vous en prie.

LE COMTE. — Vous avez ma parole.

LA MARQUISE. — Eh bien, cédez-moi Pierrefonds.

LE COMTE. — Pierrefonds est à vous, madame.

LA MARQUISE. — Comte?

LE COMTE. — Madame?

LA MARQUISE. — Je vous remercie... Avouez que vous n'y teniez pas?

LE COMTE. — C'est vrai, je n'y tenais pas... Mais...

LA MARQUISE. ... Mais?

LE COMTE. — Ce que j'allais vous dire est extravagant.

LA MARQUISE. — Alors, dites-le.

LE COMTE. — Si la destinée mauvaise avait voulu que vous fussiez née avec un cœur indifférent, au lieu d'être la femme que vous m'avez dévoilée tout à l'heure, j'aurais fait poser demain de larges affiches sur la grande porte du château de Pierrefonds.

LA MARQUISE. — Ah! qu'aurait dit l'oncle Jean?

LE COMTE. — Et une fois son seul propriétaire et maître, je l'aurais fait démolir pierre par pierre.

LA MARQUISE. — Pierre par pierre?

LE COMTE. — Puis, j'aurais fait détruire par le feu tout ce qu'il avait contenu.

LA MARQUISE. — Vous auriez fait cela?

LE COMTE. — Oui, parce que je n'aurais laissé derrière moi personne capable de l'aimer comme je l'aimais. Les événements passent, les choses s'effacent et disparaissent, la nature elle-même se transforme, les hommes meurent. Et sachant la maison natale à l'abri des hommes et du temps, j'en aurais emporté avec moi le nom et le souvenir. Vous voyez, madame, que je ne tenais pas à Pierrefonds.

LA MARQUISE. — Et quelle compensation puis-je vous offrir en échange d'un pareil sacrifice?

LE COMTE. — Cette porcelaine.

LA MARQUISE. — Ah! comte, vous m'écrasez sous le poids de vos millions. (Le comte laisse tomber la porcelaine.) Eh bien? vous brisez ma porcelaine?

LE COMTE. — Elle était bien à moi, ce me semble?

LA MARQUISE. — Mais pas le moins du monde, je ne vous l'avais pas donnée. Pauvre porcelaine... le hasard m'avait favorisée ce jour-là... J'avais été heureuse au jeu...

LE COMTE. — Et moi...

LA MARQUISE. — C'est un proverbe sot.

LE COMTE. — Il est vrai.

LA MARQUISE. — Mais je ne puis accepter ainsi Pierrefonds. Je sens qu'avec vous la reconnaissance me pèserait au cœur, car vous êtes trop chevaleresque. Que puis-je vous donner en échange?

LE COMTE. — Rien.

LA MARQUISE. — Décidément, comte, vous me trouvez bien pauvre. Je n'ai donc rien qui vous porte envie?

LE COMTE. — Ah! si.

LA MARQUISE. — Je vous le donne.

LE COMTE. — Votre parole?

(Elle lui donne la main.)

Si je gardais cette main?

LA MARQUISE. — Je me fie à votre discrétion de noble gentilhomme et de loyal cousin.

LE COMTE. — Il n'en abuserai pas.

(Il la laisse retomber.)

LA MARQUISE. — Vous auriez pu la garder un peu plus longtemps.

(Il la reprend.)

21

LE COMTE. — Eh bien, comme je ne veux pas vous laisser un mauvais souvenir, je vous demande, en échange de Pierrefonds, le pardon de ma conduite scellé par un baiser de nouvelle année et d'adieu.

LA MARQUISE. — Il serait cruel à moi de vous refuser cette juste et légère satisfaction. (Le comte l'embrasse.)

(Etienne et Laurence paraissent au fond.)

SCÈNE IX

LE COMTE, LA MARQUISE, ETIENNE, LAURENCE.

ÉTIENNE. — Le jour de l'an ! Baiser de Judas !

LA MARQUISE, se levant vivement. — Etienne? Laurence?...

ÉTIENNE, criant plus fort. — Baiser de Judas !

LA MARQUISE. — Taisez-vous. J'achetais Pierrefonds... (Au comte). Mon cousin, vous dînez avec nous, en famille... Nous signerons au dessert...

ÉTIENNE, à Laurence.— Deux contrats de mariage, par-devant Maître Etienne et son collègue, notaires à Paris.

LA MARQUISE, au comte. — Quel est donc le nom de ce cap que vous doublerez dans un mois? Je l'ai oublié.

LE COMTE. — Le cap de Bonne-Espérance.

TABLE DES MATIÈRES

	Pages
LE MÉDECIN DES DAMES. Chez Arabelle.	3
Chez le docteur.	19
LES CENDRES.	29
CÉLIMÈNE. — Un Caprice de Célimène.	45
Une ride.	59
La loge de Célimène.	69
UNE INTRIGUE A L'OPÉRA.	85
LA LOGE DE DORINE.	101
UN DINER AU PAVILLON HENRI IV.	119
LA PLUIE (Proverbe en un acte, en prose).	141
LE BAISER DE JUDAS, comédie-proverbe en un acte, en prose.	191

CATALOGUE

DE LA

LIBRAIRIE

ACHILLE FAURE

23, Boulevard Saint-Martin, 23

A PARIS

OCTOBRE 1865

LIVRES
CLASSIQUES ÉLÉMENTAIRES

DE

BONHOURE

INSTITUTEUR

Méthode de lecture. 1 vol. cart............... 50 c.

Premières lectures courantes. 1 vol. cart..... 70 c.

Premières lectures instructives. 1 vol. cart... 90 c.

CATALOGUE

DES

LIVRES DE LUXE

IMPRIMÉS PAR LOUIS PERRIN, DE LYON

DÉPOT

A LA LIBRAIRIE ACHILLE FAURE

ALLUT. **Études sur Symphorien Champier.** 1 beau vol.
in-8, fig., cart.. 21 fr.

— **Vie du Père Menestrier.** 1 gros vol. in-8, br. (épuisé). 30 fr.

— **Les Tard-Venus, les Routiers au XVe siècle et la
bataille de Brignais.** 1 vol. in-8, br. (épuisé)........ 15 fr.

— **Aloysia Sygea et Nicolas Chorier.** In-8, br..... 10 fr.

— **L'Accueil de Mme de la Guiche à Lyon,** le 27 avril
1598. 1 vol. in-8, br.................................... 10 fr.

AILLY (baron d'). **Recherches sur la monnaie romaine,**
depuis son origine jusqu'à la mort d'Auguste. In-4, 49 planches,
magnifique volume .... 50 fr.
(Le tome 1er a paru; l'ouvrage aura 3 volumes.)

BOISSIEU (A. de). **Inscriptions antiques de la ville de
Lyon.** 1 gros vol. grand in-4, fig. et planches, br....... 70 fr.

— **Ainay,** son autel, son amphithéâtre et ses martyrs. 1 vol. in-8,
fig., planches, cart.................................... 10 fr.

BERNARD. **Le Temple d'Auguste et la nationalité gau-
loise.** 1 vol. très-grand in-4, 14 planches, cart......... 25 fr.

(Cet ouvrage, tout en étant un travail spécial, forme en quelque sorte un
supplement à l'ouvrage des inscriptions de M. A. de Boissieu.)

**Cartulare Monasterii beat. Petri et Pauli de Domina,
Clun. Ord.,** Lugd., 1859. In-8, gros vol., figures et cartes, broché.. 30 fr.

CHABERT. **Les Visions d'Isaïe,** fils d'Amos, en vers français.
Gr. vol. in-8, br.............................. 10 fr.

CIBRARIO. **Précis historique des ordres religieux et
militaires** de Saint-Lazare et de Saint-Maurice.. 1 vol. in-8,
fig. color., br.............................. 10 fr.

Recueil des chevauchées de l'Asne. 1 vol. in-8, br. 10 fr.

DEBOMBOURG. **Atlas chronologique des États de l'Église.**
In-folio, 21 cartes col., cart....................... 12 fr.

DELAROA. **Les Patenôtres d'un surnuméraire,** ou Conseils
d'un grand-oncle. 1 vol. in-18, br...................... 3 fr.

Entrada de Carlos V en Paris el año 1540. In-8, br.
(tiré à 50 exemplaires)....................... 12 fr.

Simple bouquet (Poésies). In-12, br................... 4 fr.

GIRAUD. **Cartulaire de l'abbaye de Saint-Bernard de
Roman.** 2 vol. in-8, br...................... 15 fr.

**Inventaire des titres recueillis par Samuel Guiche-
non.** 1 vol. in-8, br...................... 12 fr.

GRAVILLON (Arthur de). **J'aime les morts.** 1 vol....... 6 fr.

GUIGNOL (**Théâtre de**). 1 vol in-8, cont. 12 pièces avec des eaux-
fortes en tête de chaque acte....................... 10 fr.
Idem, sur papier de Hollande, gravures en bistre........ 25 fr.

JOLY. **Benoët du Lac,** ou le Théâtre et la Bazoche à Aix à la
fin du XVIᵉ siècle. 1 vol. in-8, br...................... 10 fr.

LAFORGE. **Les arts et les artistes en Espagne.** 1 vol. in-8,
broché. .... 15 fr.

— **La peinture et les peintres** dans les duchés italiens. 1 vol.
in-8, br. (pas mis dans le commerce)..................... 15 fr.

— **La Vierge**, type de l'art chrétien. 1 gr. vol. in-4, 5 fig. sur bois, cart... 25 fr.

LIMAS (de). **Six mois en Orient** (description de voyage). 1 vol. in-8, avec planches, br............................... 20 fr.

LOUIZE LABÉ. **Œuvres**. In-8, br...................... 12 fr.

Le Lutrin, avec des eaux-fortes par F. Hillemacher. 1 vol. in-4, cart.. 12 fr.

MAURICE SÈVE. **Delie, object de plus haute vertue.** (Réimpression de l'ancienne édition.) In-12, br., beaucoup de vignettes sur bois................................. 25 fr.

Souvenirs poétiques, par de M. ... In-8, br.......... 8 fr.

MINORET (Eugène). **L'Oraison dominicale.** 1 vol. in-32. 4 fr.

MOLIÈRE. **Théâtre**, 6 vol. in-8, avec des gravures à l'eau-forte par F. Hillemacher en tête de chaque acte, papier teinté, broché. Prix de chaque volume.......................... 20 fr.

(Les tomes I et II sont en vente.)
Il reste en magasin un seul exemplaire sur grand papier de Hollande, au prix de 45 fr. le volume, et deux exemplaires sur grand papier teinté, au prix de 35 fr. le volume.

ROSTAND (Eugène). **Ébauches** (poésies). Un très-joli volume imprimé en rouge et en noir.......................... 4 fr.

Rymes de gentille et vertueuse Dame Pernette du Guillet. 1 vol. in-12, papier de Hollande (tiré à 200 exemplaires).. 7 fr.

SOULARY (Joséphin). **Poëmes et sonnets.** 1 beau vol., comprenant les *Figulines*............................. 20 fr.

Troupe (la) **de Voltaire.** In-8, br., avec 41 portraits à l'eau-forte par Hillemacher............................... 40 fr.

VILLIERS DE L'ISLE-ADAM. **Premières poésies.** 1 vol. in-8, br... 7 fr.

Vy VERNIER. **Les Filles de minuit** (poésies). 1 vol. in-8, br... 5 fr.

LIBRAIRIE ACHILLE FAURE

23, boulevard Saint-Martin

A PARIS.

NOUVELLE COLLECTION A 1 FR.

LES FRANCS-ROUTIERS, par Antony Réal.

LE COLONEL JEAN, par H. de Lacretelle.

LES PETITES CHATTES DE CES MESSIEURS, par Henry de Kock.

L'AMOUR BOSSU, par Henry de Kock.

JEANNE DE VALBELLE, par Casimir Blanc.

LES ORNIÈRES DE LA VIE, par Jules Claretie.

SÉDUCTION, par Raoul Ollivier.

UN MARIAGE ENTRE MILLE, par Victor Poupin.

LES FINESSES DE D'ARGENSON, par Adrien Paul.

NOS GENS DE LETTRES, par Alcide Dusolier.

LES CACHOTS DU PAPE, par Ch. Paya.

LA GUERRE DE POLOGNE, par Eug. d'Arnoult.

IMPRESSIONS D'UN JAPONAIS EN FRANCE, par Richard Cortambert.

FABLES NOUVELLES, par Ed. Granger.

LA TÉLÉGRAPHIE ÉLECTRIQUE, par Ph. Dauriac.

NICETTE, par Adrien Paul.

THÉRÈSA, par Adrien Paul.

LA FRANCE TRAVESTIE, OU LA GÉOGRAPHIE APPRISE EN RIANT. Reproduction exacte et complète en vers burlesques, se gravant facilement dans la mémoire, des 92 départements de France et d'Algérie, et de leurs 385 Préfectures et Sous-Préfectures.

———

Pour recevoir *franco* un des volumes de la collection à 1 fr., il suffit d'envoyer à M. ACHILLE FAURE la somme de 1 fr. 20 c. en timbres-poste.

TABLE ALPHABÉTIQUE
DU CATALOGUE

DE LA LIBRAIRIE ACHILLE FAURE, 23, BOULEVARD SAINT-MARTIN.

ANONYMES.

L'Empereur à l'Institut. Une brochure in-8...... 1 fr.

Dieu pour tous, ou La tolérance religieuse universelle. Une brochure in-8... 1 fr.

Vive le luxe! Réponse à M. Dupin. Une brochure in-8. 1 fr.

Plan de Paris (magnifique plan Furne), mis au courant de tous les derniers changements.

    En feuilles............................. 2 fr. 50
    Cartonné................................ 3 »
    Cartonné et collé sur toile............ 5 »

La France travestie, ou la Géographie apprise en riant. *Carte drôlatique et mnémonique,* reproduisant en vers burlesques la nomenclature exacte et complète des 92 départements de France et d'Algérie et de leurs 385 préfectures et sous préfectures. 1 joli volume in-18 raisin, orné d'un frontispice illustré... 1 fr.

Mémoires d'une biche anglaise. 1 charm. vol. orné du portrait de l'héroïne des Mémoires, photographie par Pierre Petit. 3 fr.

Une autre biche anglaise. Suite du volume précédent. 3 fr.

Mémoires d'une fille honnête, avec le portrait de l'auteur gravé sur acier, par Staal. 1 vol..................... 3 fr.

Mystères de la cour de Londres. 1 vol............ 3 fr.

Voyage à la lune, d'après un manuscrit authentique projeté d'un des volcans lunaires. 1 vol., avec une gravure........ 3 fr.

ARNOULT (EUGENE D').

La Guerre de Pologne en 1863, précédée d'une préface par ALFRED MICHIELS. 1 vol. in-18 jésus................. 1 fr.

ASTRIÉ.

Les Cimetières de Paris, guide topographique et artistique. 1 volume orné de 3 plans............................. 2 fr.

BARBEY D'AUREVILLY.

Un Prêtre marié. 2 vol. in-18 jésus............... 6 fr.

Il a été tiré de ce livre quelques exemplaires papier de Hollande au prix de 18 fr.

Une Vieille maîtresse. 1 vol.............................. 3 fr.
L'Ensorcelée. (*Sous presse.*)
Histoire de la grandeur et de la décadence du *Journal des Débats.* (*Sous presse.*)

BERGERAT (ÉMILE).

Une amie, comédie en 1 acte et en vers, représentée au Théâtre-Français... 1 fr.

BLANC (CASIMIR).

Jeanne de Valbelle, roman de mœurs intimes d'un grand intérêt. 1 volume in-18 jésus, orné de 2 gravures sur bois.. 1 fr.

BLANQUET (ROSALIE).

La Cuisinière des ménages. 1 beau vol. cartonné... 3 fr.

BONHOURE.

Méthode de lecture. 1 vol. cart...................... 0 fr. 50 c.
Premières lectures courantes. 1 vol. cart.... 0 fr. 70 c.
Premières lectures instructives. 1 vol. cart.. 0 fr. 90 c.

BRÉHAT (DE).

Un Mariage d'inclination. 1 vol...................... 3 fr.

BRIDE (CHARLES).

L'Amateur photographe, *Guide usuel de photographie,* à l'usage des gens du monde; manuel essentiellement pratique, orné de nombreuses vignettes explicatives, et suivi d'un abrégé de chimie photographique .... 3 fr.

BUSSY (DE).

Dictionnaire de l'art dramatique. 1 vol. .... 4 fr.

CHALIÈRE (LOUIS).

Ingenio. 1 vol. in-18 .... 3 fr.

CHARLES (VICTOR).

La Béguine de Bruges. 1 vol. in-32................. 1 fr.

CHASLES (PHILARÈTE).

En préparation : Ouvrage nouveau sur les questions actuelles de littérature, politique, religion, etc. Nouvelle édition des œuvres complètes.

CIMINO.

Les Conjurés, roman trad. de l'italien par M. Chenot. 2 vol 6. fr.

CLARETIE (JULES).

Les Ornières de la vie. 1 volume in-18 jésus, orné de deux vignettes sur bois... 1 fr.
Un Assassin. (*Sous presse.*)

Voyages d'un Parisien. 1 vol. .... 3 fr.

COMETTANT (Oscar).

En Vacances. 1 beau et fort volume in-18 jésus, orné de deux
grandes vignettes sur bois. .... 3 fr.
L'Amérique telle qu'elle est, voyage anecdotique de Marcel
Bonneau aux États-Unis et au Canada. 1 beau volume in-18 jé-
sus, avec deux jolies vignettes sur bois .... 3 fr.
Le Danemark tel qu'il est, ses mœurs, ses coutumes, ses
institutions, ses musées, souvenirs de la guerre, etc. 1 vol. 4 fr.
Un petit rien tout neuf. 1 vol. in-18 jésus .... 3 fr.

CONTY (de).

Paris en poche. Guide pratique dans Paris, illustré de nombreuses gravures. Un volume élégamment cartonné. ...... 4 fr.
Londres en poche. Guide pratique du voyageur à Londres.
1 volume élégamment cartonné. .... 4 fr.
Plan de Londres. Guide indicateur instantané. ...... 1 fr. 25
Les bords du Rhin, en poche. Guide pratique et illustré.
1 volume élégamment cartonné. .... 5 fr.
Guides pratiques des voyages circulaires, rédigés sous
les auspices des Compagnies.

    Belgique et Hollande .... 2 fr. 50
    Belgique .... 2 fr. 50
    Bords du Rhin .... 2 fr. 50
    L'Oberland Bernois .... 2 fr. 50
    La Suisse et le duché de Bade .... 2 fr. 50
    Bruxelles .... 2 fr. »

CORTAMBERT (Richard).

Impressions d'un Japonais en France. 1 vol. in-18 jés. 1 fr.
Aventures d'un Artiste dans le Liban. 1 vol. .... 3 fr.

CRAMPON.

La Bourse, guide du spéculateur. 1 vol. .... 3 fr.

DAURIAC.

La Télégraphie électrique, son histoire, ses applications en
France et à l'étranger, suivie d'un tableau des tarifs internatio-
naux et d'un manuel pratique de l'expéditeur de dépêches. 1 vol.
in-18 jésus. .... 1 fr.

DELVAU.

Françoise. 1 joli volume in-32 jésus, avec une eau-forte de
Thérond. .... 1 fr. 50
Il a été tiré de ce livre 22 exemplaires numérotés, sur papiers de Chine et de
Hollande.

Le Fumier d'Ennius. 1 v. in-18 jés., av. une eau-forte. 3 fr.
Il a été tiré de ce livre deux exemplaires sur papier de Hollande à 8 fr.

DESCODECA DE BOISSE.

Louis de France (Louis XVII), poëme épisodique suivi de documents historiques et justificatifs. 1 beau volume in-8°, imprimé à l'Imprimerie Impériale.................. 7 fr. 50

DESLYS (Charles).

Les bottes vernies de Cendrillon. 1 vol......... 3 fr.

DUSOLIER (Alcide).

Nos Gens de lettres, *critiques et portraits littéraires.* 1 vol. in-18 jésus................................. 1 fr.

EMMANUEL.

De la Madeleine à la Bastille, vaudeville en un acte.
1 fr.

ÉNAULT (Étienne).

Scènes dramatiques du mariage. 1 vol. in-18 jésus. 3 fr.

EYMA (Xavier).

La mansarde de Rose. 1 vol..................... 3 fr.

FEUTRÉ (Angély).

Une Voix inconnue. 1 volume................. 2 fr. 50

GAGNEUR.

La Croisade noire. 1 fort volume in-18 jésus....... 3 fr. 50

GONZALÈS (Emmanuel).

Les Sabotiers de la forêt Noire. 1 vol. in-18 jésus, orné de deux vignettes............................. 3 fr.
Les Sept baisers de Buckingham. 1 vol. in-18 jésus. 3 fr.

GOURDON DE GENOUILLAC.

Comment on tue les femmes. 1 vol. in-18 jésus.... 2 fr.

GRANGER (Ed.).

Fables nouvelles. 1 vol. in-18 jésus............. 1 fr.

GRAVILLON (Arthur de).

A propos de bottes. 1 vol. in-8, avec 85 vignettes et une eau-forte...................................... 3 fr.
J'aime les morts. 1 vol. imprimé par Perrin, de Lyon. 6 fr.

HALT (ROBERT).

Une cure du docteur Pontalais. 1 vol............., 3 fr.

HOCQUART.

Le Vétérinaire pratique, traitant des soins à donner aux chevaux, aux bœufs, aux moutons, aux chiens, et en général à tous les animaux de basse-cour, 6e édit., revue et augmentée. 3 fr.

La tenue des livres pratique. 1 fort volume in-12. 3 fr.

KOCK (HENRY DE).

Les Mémoires d'un cabotin. 1 vol., avec 3 grav.... 3 fr.

La Voleuse d'amour. 1 vol., avec 5 grav........... 3 fr.

Les Accapareuses. 1 vol., avec 2 grav............ 3 fr.

La Nouvelle Manon. 1 vol., avec une eau-forte....... 3 fr.

Guide de l'amoureux à Paris. 1 vol. avec une vign. 3 fr.

Le Roman d'une femme pâle. 1 vol., avec une eau-forte de F. Hillemacher............................ 3 fr.

Les Petites Chattes de ces Messieurs. 1 vol. in-18 jésus, avec une gravure. Nouvelle édition.............. 1 fr.

L'Amour bossu. Nouvelle édition. (*Sous presse.*)....... 1 fr.

LAMARTINE.

Recueillements poétiques. 1 vol. in-8........... 1 fr. 50

— — 1 vol. in-18 jésus....... 1 fr.

LARCHER.

Un dernier mot sur les femmes. 1 vol. in-32 jésus. 0 fr. 75

LEFEUVE.

Les anciennes Maisons de Paris sous Napoléon III, 60 livraisons réunies en quatre beaux vol. suivis d'une table de concordance.. 20 fr.

Tome Ve, formant le complément et la fin de l'ouvrage.... 5 fr.

LÉO (ANDRÉ).

Un Mariage scandaleux. 1 volume................ 3 fr.

Une vieille Fille. 1 vol. in-18 jésus, avec une vignette. 2 fr.

Les deux Filles de M. Plichon. 1 vol............. 3 fr.

Jacques Galéron. 1 vol........................ 1 fr. 50

Observations d'une mère de famille à M. Duruy. Brochure in-8................................ 1 fr.

LÉO LESPÈS (TIMOTHÉE TRIMM).

Avant de souffler sa bougie. 1 vol. in-18 jésus...... 3 fr.

Les Tentations d'Antoinette. 1 vol. (*Sous presse.*)

LESCURE (M. DE).

Les Amours de Henri IV. 1 beau et fort vol. in-18 jésus, orné de quatre beaux portraits historiques, dessinés par Boullay et Eug. Forest, d'après des originaux du temps............ 4 fr.

Il a été tiré de ce livre cent exemplaires de luxe numérotés. Il reste à vendre seulement quelques exemplaires sur vélin, à 8 fr.

Les Amours de François Ier. 1 vol. avec une eau-forte. 3 fr.

Il a été tiré de ce livre dix exemplaires numérotés (1 à 10) sur chine, à 20 fr.; dix (11 à 20) sur papier de Hollande, à 18 fr.; quarante (21 à 60) sur beau jésus vélin, à 6 fr.

Lord Byron. 1 vol. (*Sous presse*).

LOTHIAN (MARQUIS DE).

La Question américaine. 1 vol. in-8 .... 6 fr.

MALO (CH.).

Femmes et Fleurs, rose à douze feuilles, *petites photographies badines.* 1 très-joli volume in-32 jésus................ 1 fr. 50

MARANCOUR (DE).

Rien ne va plus. La Rouge et la Noire. 1 vol. in-18 jésus... 3 fr.

Confessions d'un commis-voyageur.............. 3 fr.

MARCHEF GIRARD (Mlle).

Des Facultés humaines et de leur développement par l'éducation. 1 vol. in-8............................... 7 fr. 50

MARESCHAL.

Le Coffret de Bibliane. 1 volume des Nouvelles.... 1 fr. 50

MARGRY.

Belin d'Esnambuc et les Normands aux Antilles. 1 vol. in-8.................................... 2 fr. 50

MARX (ADRIEN).

Voyage autour du cœur. 1 vol. (*Sous presse.*)

MIE D'AGHONNE.

Le Mariage d'Annette. 1 vol................ 3 fr.

MINORET (EUGÈNE).

L'Oraison dominicale. 1 vol. in-32 jésus, imprimé avec luxe par Perrin, de Lyon........................... 4 fr.

MOLÉRI.

La Terre promise. 1 vol. (Sous presse)............... 3 fr.

MOLIÈRE.

Nouvelle édition imprimée par Perrin, de Lyon, avec une eau-forte en tête de chaque acte. 6 vol. à 20 fr. chaque.

MONSELET (Ch.).

De Montmartre à Séville. 1 vol.................... 3 fr.

MONTEMERLI (Comtesse Marie).

Entre deux Femmes. 1 vol. in-18 jésus............ 3 fr.

NADAUD.

Chansons; nouvelle édition contenant toutes les nouvelles chansons. 1 vol. in-18 jésus............................ 4 fr.

NOIRIT (Jules).

Haydée. 1 vol.................................... 3 fr.

OLLIVIER (Raoul).

Séduction. 1 vol. in-18 jésus.................... 1 fr.

PAUL (Adrien).

Les Finesses de d'Argenson. 1 vol. in-18 jésus, orné de deux vignettes sur bois........................... 1 fr.
Nicette. 1 vol.................................. 1 fr.
Thérèsa. 1 vol................................... 1 fr.

PAYA (Ch.).

Les Cachots du Pape, 2e édition. 1 vol. in-18 jésus.. 1 fr.

PIC (Ulysse).

Lettres gauloises. 1 vol. in-18 jésus............ 3 fr.

POUCEL (Benjamin).

Les Otages de Durazno, souvenirs du Rio de la Plata. 1 vol. in-8.. 6 fr.
Mes Itinéraires au Rio de la Plata. Une brochure in-8. 1 fr.

POUPIN (Victor).

Un Chevalier d'amour. 1 vol. in-18 jésus......... 3 fr.
Un Mariage entre mille........................... 1 fr.

POURRAT.

Vercingétorix. Étude dramatique en prose et en vers. 1 vol. 3 fr.

PRUDHOMME SULLY.

Stances et poëmes. 1 volume de poésies........... 3 fr.

RATAZZI (Mme, née DE SOLMS).

Les Soirées d'Aix-les-Bains. 1 vol................. 3 fr.

RÉAL (ANTONY).

Les Francs-Routiers. 1 vol..................... 1 fr.

RÉNÉ ET LIERSEL.

Traité de la chasse et de la pêche. 1 vol. in-12... 2 fr.

ROUSSELON.

Le Jardinier pratique. 1 fort vol. in-18 jésus de 536 pages,
avec 200 vignettes................................ 3 fr.

SÉGALAS (Mme ANAÏS).

Les Mystères de la maison. 1 vol. in-18 jésus....... 3 fr.

VALLÈS (JULES).

Les Réfractaires............................... 3 fr.

WAILLY (JULES DE).

La Vierge folle. 1 vol. in-18 jésus................ 3 fr.
La Voisine, comédie en un acte et en vers, représentée au
Gymnase-Dramatique............................. 1 fr.

M. FAURE expédiera ses publications en compte à MM. les libraires qui lui
en feront la demande, et prendra note, s'ils le désirent, de leur adresser ses
nouveautés d'office, avec faculté de retour et d'échange.

Pour recevoir *franco* par la poste l'un des ouvrages in-
diqués sur le présent Catalogue, il suffit d'en envoyer le
montant en une valeur sur Paris ou en timbres-poste, en
ajoutant 20 centimes au prix des volumes à 1 fr.

à M. ACHILLE FAURE, Libraire, boulevard Saint-Martin, 23, à Paris.

**Remises exceptionnelles et très-avantageuses
pour tous les libraires.**

CORBEIL, typ. et stér. de CRÉTÉ.